Wandern in Südtirol
Band 4

Hans Kammerer

Wandern in Südtirol

zwischen Meran und Brixen

Sarntaler Alpen

Band 4

Tappeiner Verlag

Titelbild:
In den Sarntaler Alpen: Sonnenaufgang auf der Hirzerspitze.
Foto: Tappeiner AG

Bildnachweis:
E. Höhne: S. 93, 100, 104, 108, 120
H. Kammerer: S. 48, 97
H. Krämer: S. 69
Alle übrigen Aufnahmen: Tappeiner AG

Zeichnung der Übersichtskärtchen:
Hans Kammerer

Kartenskizzen: Hans Kammerer, Brixen (BZ)
Printed in Italy
ISBN 88-7073-112-X

Inhalt

Einführung

Aufbau und Gebrauch des Führers

Die in diesem Führer beschriebenen Anstiege sind in den meisten Fällen Normalwege zu einer Auswahl von mehr oder weniger bekannten Gipfeln im erfaßten Bereich. Objektiv gefährliche Anstiege werden weitgehend gemieden, oder es wird ausdrücklich darauf hingewiesen. Die Beschreibungen sind zielstrebig und praxisbezogen und gehen nicht auf Begleitumstände – wie etwa das Panorama – ein. Das Erlebnis der Landschaft, das Abenteuer soll nicht vorbedingt, sondern jedem frei überlassen werden – nur die Tür dazu wird geöffnet. Der Führer enthält deshalb nur Beschreibungen von Bergwanderungen und Touren; für allgemeine Informationen über Täler, Ortschaften und Berggruppen siehe Literaturnachweis.

Abgrenzung des Führerbereichs

Bozen – Etschtal – Meran – Passeiertal – St. Leonhard – Jaufenpaß – Sterzing – Wipptal – Brixen – Eisacktal – Bozen.

Aufteilung in Reihenfolge:

Ortschaften nach Haupt- und Seitentälern; Schutzhütten und Aufstiegsanlagen, Übergänge, Gipfelanstiege und Höhenwege jeweils nach Berggruppen.

Beschriebene Berggruppen

Westliche Sarntaler Alpen (westlich der Linie Bozen – Sarnthein – Penser Joch bis zum Etschtal – Passeiertal und Jaufenpaß):
1. Tschögglberg
2. Ifinger-Hirzer-Kamm

3. Penser Kamm
Östliche Sarntaler Alpen (östlich der genannten Trennlinie bis Sterzing, Wipptal und Eisacktal):
4. Genterskamm
5. Flagger- und Schalderer Berge
6. Latzfonser Berge
7. Villanderer Berge
8. Ritten
Bei Verwendung des Führers dienen das Inhaltsverzeichnis als Übersicht und das alphabetische Randzahlenregister zur raschen Auffindung des gewünschten Textes. Die Angaben über Ortschaften und Talbereiche sind verkehrstechnischer Art und dienen zur schnellen Orientierung bei der Anfahrt zum Ausgangspunkt des gewählten Anstieges.

Zum Aufbau der Beschreibungen

Sämtliche Querverweise in diesem Führer beziehen sich auf die sog. Randzahlen („♦" in der Kopfzeile, „#" innerhalb der Texte). Sie sind auch für das Register am Ende des Bandes maßgeblich. Um den Führer bei späteren Überarbeitungen und Neuauflagen ohne Umstellungen auf den aktuellen Stand bringen zu können, wurden an manchen Stellen Randzahlen freigelassen. Die Numerierung ist also nicht durchgehend.
An die **fett**gedruckte Kopfzeile jeder Beschreibung schließt sich bei den Wanderungen und Bergtouren ein *kursiv* gesetzter Beschreibungskopf an, der die wesentlichen Aspekte der Route zusammenfaßt: angegeben werden die Gehzeit, die Abfolge der Markierungsnummern (eine Angabe, die Ihnen im Gelände auf einen Blick deutlich machen soll, ob Sie sich noch auf dem richtigen Weg befinden), Schwierigkeiten, allgemeine Charakteristik – alles in möglichst knapper Form.
In diesem Beschreibungskopf finden Sie auch wichtige Angaben über etwaige Probleme der Route. Der Beschreibungskopf dient ausdrücklich einer ersten, groben Übersicht. Erst daran anschließend folgt die eigentliche Routenbeschreibung. Sie informiert über den Wegverlauf in seinen einzelnen Abschnitten, gibt die Markierungsnummern und Etappenzeiten an. Die Beschreibungen der Anstiege sind bei gut markierten Wegen allgemein gehalten, bei schwieriger zu findenden Strecken sind sie ausführlicher; sie setzen aber logisches Denken und einen Mindestgrad an Orientierungsvermögen voraus. Damit dem Benützer des Führers ausreichend Information über die bereits bewältigten bzw. noch zu erwar-

tenden Höhenunterschiede, Wegstrecken und Gehzeiten zur Verfügung steht, werden in Klammern zahlreiche Höhenangaben gemacht; die daran angefügten Zeiten beziehen sich jeweils nur auf die Etappe, an deren Ende sie stehen. Die Addition sämtlicher derart genannten Zeiten ergibt, sofern nicht anders angegeben, die Gesamtgehzeit für die Tour. Die Wegzeiten sind nach üblichen Durchschnittswerten mit Berücksichtigung der Gesamtleistung und der Geländebeschaffenheit angegeben.
Schutzhütten: Die Öffnungs- und Schließungszeiten der Schutzhütten können sich je nach Wetterlage um eine bis zwei Wochen verschieben. Es sei deshalb empfohlen, sich im jeweils zuständigen Verkehrsamt zu erkundigen.
Besonderer Hinweis: Vom Heer werden alljährlich ab Ende September bis Mitte Oktober im Bereich des Schalderer Kammes, zwischen Klausner Hütte und Flaggerschartenhütte, Durnholz und Schalders Manöver mit Schießübungen durchgeführt. Alle Zugangswege von Reinswald, Durnholz, Pens, Flaggertal, Schalders und Latzfons werden in dieser Zeit gesperrt. Wachposten stehen an den Wegen zur Sperrzone, aber nicht im weglosen Gelände.

Schwierigkeitsbewertung

Die Schwierigkeitsangaben im Fels folgen der UIAA-Skala, wobei, im Unterschied zu dieser, auch die unteren beiden Grade in I–, I, I+ bzw. II– sowie II unterteilt wurden. Die Schwierigkeit der ausgewählten Anstiege reicht in einzelnen Fällen bis zum II. Grad – bei guten Verhältnissen und gutem Wetter. Bei Gewitter, Temperaturstürzen und Schlechtwettereinbruch können auch leichte Hochgebirgsrouten schlagartig sehr schwierig werden.

Alpine Ausrüstung

In den Sarntaler Bergen kommen weder lange Klettersteiganstiege noch Gletschertouren vor. Trotzdem ist eine zweckmäßige Bekleidung und Ausrüstung unverzichtbar. So sollte besonders auf den Höhenwegen nebst Handschuhen und Regenschutz auch ein Biwaksack mitgenommen werden, der im Notfall lebenswichtig sein kann.
Ein erstklassiges Höhenmeßgerät dient zur Feststellung des eigenen

Standortes, des weiteren Zeitbedarfs und der Wetterentwicklung. Am Ausgangspunkt genau eingestellt, kann mit diesem Gerät, nach einiger Übung, an den in der Karte angegebenen Höhenpunkten unterwegs die weitere Wettertendenz festgestellt werden:
genaue oder niedrigere Werte = Wetter bleibt gut;
höhere Werte = unbeständig, Verschlechterung;
starke Mißweisung nach oben (50–100 m) = aufkommendes Gewitter oder Sturm. Diese Empfehlungen sind besonders für längere Gipfeltouren und Überschreitungen wichtig.

Karten

Vor Antritt von Bergtouren oder Wanderungen in noch unbekanntes Gebiet ist in Zusammenhang mit der Anfahrts- und Anstiegsbeschreibung ein sorgfältiges Studium guter Straßen- und Wanderkarten sehr empfehlenswert. Als Straßenkarten sind Spezialblätter in größerem Maßstab (1:200 000) verschiedener Verlage vorhanden. Als Wanderkarten sind topographische Blätter im Maßstab 1:25 000 am empfehlenswertesten. Das Marktangebot ist ausreichend, genaueste Information bringt das Studium verschiedener Blätter desselben Bereiches. Im genannten Maßstab sind für den Bereich der Sarntaler Alpen folgende Blätter vorhanden: Mapgraphic (Eppan) Blatt 31–Sarntaler Alpen (im Maßstab 1:33 000, 1:25 000 in Vorbereitung), Blatt 10–Bozen, Blatt 7–Tschögglberg, Blatt 6–Meran, Blatt 12–Brixen.
Weiters werden im Handel vom Staatlichen Militärinstitut für Kartographie (I.G.M.) teils neu überarbeitete Blätter in handlicher Faltung angeboten – zwar ohne Markierungseintragung, aber mit perfekter Geländedarstellung.

Das Projekt „Naturpark Sarntaler Alpen“

Das achte Naturparkgebiet des Landes Südtirol sollte in absehbarer Zukunft mit Dekret vom Landesausschuß eingeführt werden. Dieser neue Naturpark würde, in Planung und Einführung als letzter, mit einer Fläche von ungefähr 20 000 ha zu den größeren Schutzgebieten des Landes zählen.

Das Gebiet soll sich über den Ostkamm der Sarntaler Alpen erstrecken. Von Süden angefangen würden Sarner Scharte und Villanderer Berg, die Latzfonser, Schalderer und Flaggerberge sowie das Zinselergebiet südlich von Sterzing und der Genterskamm zwischen Penser und Durnholzer Tal erfaßt. Somit würden Teilgebiete der Gemeinden Sarntal, Klausen, Feldthurns, Brixen, Vahrn, Franzensfeste, Freienfeld und Ratschings in das Naturparkgebiet aufgenommen. Voraussichtlich soll die Parkgrenze am Siedlungsrand im Sarntal von Windlahn über Reinswald nach Durnholz, um den Genterskamm herum über Astfeld nach Pens, über das Penser Joch zum Wipptal, dort westseitig entlang, im Eisacktal über Franzensfeste, Spiluck, Schalders, Pfeffersberg, Schnauders, Latzfons bis Villanders und über den Gasteiger Sattel nach Windlahn verlaufen.
Besonders der nordöstliche Teil, die schroffe Flagger-Berggruppe, ist in ihrer unwegsamen Wildheit kaum begangen und nur am Rande durch Straßen erschlossen. Gemse, Reh, Steinadler, Murmeltier, Auerhahn und Birkwild leben hier weitgehend ungestört.
Das Schalderer Tal, das Gebiet um die Kassianspitze und der Villanderer Berg mit der weitläufigen Hochfläche der Villanderer Alm dazwischen ist durch Forst- und Almwirtschaft und auch mit Schutzhütten weitgehend erschlossen, aber keinesfalls vom Tourismus überlaufen.
Im Massiv Sarner Scharte – Villanderer Berg erreicht die Bozner Porphyrplatte ihren höchsten Punkt; Getrumjoch, Latzfonser und Schalderer Berge bestehen aus Quarzphyllit, die Flaggerberge aus Granit und Gneis. Entsprechend der Vielfalt des Gesteins ist auch die Flora artenreich vertreten.
Zu diesem wenig bekannten und begangenen Bereich der Sarntaler Alpen würde auch der nördliche Teil des Westkammes gehören, im Parkgebiet könnte das Dreieck Hirzer – Jaufenspitze – Penser Weißhorn gut mit erfaßt werden.
Auch das derzeitige Schießübungsgebiet des Heeres im Schalderer Kamm würde in den Naturpark aufgenommen.
Mit der erwünschten und erhofften Errichtung des Naturparks würden in diesem Gebiet die entsprechenden Schutzbestimmungen zur Wirkung kommen.

Ortschaften

Etschtal

♦ 1 **BOZEN** (Bolzano, 262 m)

Landeshauptstadt und Sitz der Landesregierung. Liegt im weiten Talboden des Etschtales, am Zusammenfluß von Talfer und Eisack, auf einer Fläche von 12 km^2. Ballungszentrum, wichtiger Handelsumschlagplatz in den Alpen, „Großstadt im Gebirge". Stadtteile: Altstadt, St. Peter, Bozen-Dorf, St. Johann, Rentsch, St. Magdalena, St. Justina, Leitach, Bozner Boden, Kampenn, Virgil, Haslach, Oberau, Gries, Fagen, Moritzing, Guntschna, St. Georgen, St. Jakob am Sand, Quirein, Industriezone Kaiserau mit Neustadt-Vierteln. 101 000 Einwohner.
Brennerautobahn-Ausfahrten Bozen-Nord und Bozen-Süd. Zentrale Verkehrslage mit Hauptbahnhof und Autobuslinien-Knotenpunkt für Etschtal, Überetsch, Sarntal, Eisacktal und Dolomitenraum.
Seilbahnen: Jenesien (# 100), Ritten (# 226), Kohlern.
Landesverkehrsamt Südtirol I-39100 Bozen (BZ), Tel. 0471/99 38 08.
Verkehrsamt der Stadt Bozen I-39100 Bozen (BZ), Tel. 0471/97 56 56.
Ausgangspunkt für Wanderungen an den umliegenden Berghängen und im Überetsch. Zentrale Lage für Bergtouren in Südtirol und im Trentino.

♦ 2 **SIEBENEICH** (Settequerce, 264 m)

Kleiner Ort am linken Etschufer an der Straße Bozen – Meran im Talboden nahe am felsigen Südwestabhang des Altenberges. Fraktion von Terlan, verstreute Besiedlung; Obst- und Weinbaugebiet. 400 Einwohner.
7 km ab Autobahnausfahrt Bozen-Süd, 5 km vom Bozner Stadtkern. Autobus- und Bahnhaltestelle der Linie Bozen – Meran.
Verkehrsverband I-39018 Terlan (BZ), Tel. 0471/25 71 65.
Ausgangspunkt für Wanderungen am Altenberg.

♦ 3 **TERLAN** (Terlano, 248 m)

Größere, wegen ihrer Weinsorten bekannte Ortschaft am linken Etschufer an der Straße Bozen – Meran im weiten Talboden nahe am Südwest-

abhang des Tschaufen. Obst- und Weinbaugebiet. Ferienort. Gemeindehauptort mit Fraktionen Siebeneich und Vilpian, Weiler Unter- und Oberkreut. 2000 Einwohner.
10 km ab Autobahnausfahrt Bozen-Süd. Autobus- und Bahnhaltestelle der Linie Bozen – Meran. Abzweigung der Straße nach Verschneid – Mölten, Straßenverbindung nach Andrian und Nals.
Verkehrsverband I-39018 Terlan (BZ), Tel. 0471/25 71 65.
Ausgangspunkt für Wanderungen im Bereich Altenberg – Tschaufen.

♦ 4 **VILPIAN** (Vilpiano, 264 m)

Am linken Etschufer nahe am Berghang des Tschaufen auf dem Murkegel des Möltenbaches an der Straße Bozen – Meran gelegene Ortschaft. Große Obstbauanlagen. Ferienort. Fraktion der Gemeinde Terlan. 800 Einwohner.
14 km ab Autobahnausfahrt Bozen-Süd. Autobus- und Bahnhaltestelle der Linie Bozen – Meran. Seilbahn nach Schlaneid-Mölten (# 101). Straßenverbindung nach Nals.
Verkehrsverband Terlan I-39018 Vilpian (BZ), Tel. 0471/67 86 48.
Ausgangspunkt für Wanderungen im Möltener Mittelgebirge.

♦ 5 **GARGAZON** (Gargazzone, 267 m)

Im Etschtal an der Mündung der Vöraner Bachschlucht an der Straße Bozen – Meran gelegene größere Ortschaft. Obstbauanlagen. Ferienort. Gemeindesitz. 1200 Einwohner.
18 km ab Autobahnausfahrt Bozen-Süd. Autobus- und Bahnhaltestelle der Linie Bozen – Meran. Verbindung zur Weinstraße Lana – Nals.
Verkehrsamt I-39010 Gargazon (BZ), Tel. 0473/29 22 44.
Ausgangspunkt für Wanderungen im Talboden und im Vöraner Mittelgebirge.

♦ 6 **BURGSTALL** (Postal, 270 m)

Im Etschtal nahe am Westabhang des Tschögglberges an der Straße Bozen – Meran gelegene größere Ortschaft. Obstbaugebiet. Ferienort. 1300 Einwohner.
21 km ab Autobahnausfahrt Bozen-Süd, 6 km von Meran. Autobus- und Bahnhaltestelle der Linie Bozen – Meran. Straßenabzweigung nach Lana, Seilbahn nach Vöran (# 102).

Verkehrsamt I-39014 Burgstall (BZ), Tel. 0473/29 13 43.
Ausgangspunkt für Wanderungen im Talboden, am Berghang und im Vöraner Mittelgebirge.

♦ 7 **MERAN** (Merano, 325 m)

Im weiten Talboden des Etschtales an der Einmündung des Passeiertales gelegene, nach Bozen zweitgrößte Stadt Südtirols. Weltbekannter Kurort, durch die Talstufen zum Vinschgau und zum Passeiertal in klimatisch besonders begünstigter Lage. Gemeinde mit den Stadtteilen Zentrum, Obermais, Untermais, Sinich und Gratsch. Der Siedlungsbereich grenzt an die umliegenden Ortschaften Marling, Algund, Dorf Tirol und Schenna an. 34 000 Einwohner.
28 km ab Brennerautobahn-Ausfahrt Bozen-Süd (Schnellstraße im Bau). Zentrale Verkehrslage im Burggrafenamt. Straßenverbindung zu Gampenpaß, Ultental, Vinschgau, Passeiertal und Hafling. Dichtes Straßennetz im umliegenden Mittelgebirge. Bahnstation. Ifinger-Seilbahn (# 110).
Kurverwaltung I-39012 Meran (BZ), Tel. 0473/35 223.
Ausgangspunkt für Wanderungen im umliegenden Mittelgebirge, Promenadewege und Waalwege; zentrale Lage für Bergtouren in der Ortlergruppe, den Ötztaler und Sarntaler Alpen.

Tschögglberg

♦ 8 **JENESIEN** (S. Genesio Atesino, 1087 m)

Bergort am Südosthang des Salten nördlich von Bozen oberhalb der Sarner-Schlucht-Mündung. Gemeindehauptort mit Fraktionen Afing am Sarntaler Hang, Glaning am Südhang des Altenberges, Nobls am Südhang des Tschaufen und Flaas am Südhang des Tschögglberges. Ferienort. 1500 Einwohner.
Zufahrtsstraße 9 km ab Bozen-Fagen über Guntschna. Seilbahn Bozen – Jenesien (# 100). Straßenverbindung mit Mölten, verzweigtes Straßennetz zu den Fraktionen und Weilern.
Verkehrsamt I-39050 Jenesien (BZ), Tel. 0471/35 41 96.
Ausgangspunkt für Wanderungen im Mittelgebirge und auf dem Salten; Sarntaler Höhenweg (# 500), Fernwanderweg E 5 (# 510).

♦ 9 **AFING** (Avigna, 870 m)

Kleiner Bergort nordöstlich von Jenesien mit Hinter- und Vorderafing am gegliederten Sarntaler Hang oberhalb der Sarner Schlucht gelegen. Fraktion der Gemeinde Jenesien. 500 Einwohner.
Zufahrtsstraße 8 km ab Abzweigung von der Straße Bozen – Jenesien.
Verkehrsamt I-39050 Jenesien (BZ), Tel. 0471/354196.
Ausgangspunkt für Wanderungen am Berghang und im Bereich Schwarzeck und Salten.

♦ 10 **FLAAS** (Valas, 1354 m)

Bergdorf nördlich von Jenesien am Südhang des Tschögglberges; liegt mit Langfenn (Lafenn) und Kampidell an der oberen Besiedlungsgrenze. Fraktion von Jenesien mit verstreuten Berghöfen. 300 Einwohner.
Zufahrtstraße 8 km ab Jenesien, 4 km ab Mölten.
Verkehrsamt I-39050 Jenesien (BZ), Tel. 0471/354196.
Ausgangspunkt für Wanderungen im Bereich Schöneck – Möltener Joch und am Salten.

♦ 11 **MÖLTEN** (Meltina, 1142 m)

Hauptort des Tschögglberges in sonniger Lage 1000 Meter über dem Etschtal. Gemeindesitz mit Fraktion Verschneid und Weilern Schlaneid, Versein und Gschleier; verstreute Berghöfe. Ferienort. 800 Einwohner.
Zufahrtsstraße 13 km ab Terlan über Verschneid; Straßenverbindung über den Tschögglberg mit Jenesien, Vöran und Hafling. Seilbahn Vilpian – Schlaneid (# 101).
Verkehrsamt I-39010 Mölten (BZ), Tel. 0471/66 81 33–66 82 82 (Versein-Dorf 0471/66 81 39).
Ausgangspunkt für Wanderungen am Berghang und über den Salten.

♦ 12 **VERSCHNEID** (Frassineto, 1076 m)

Dorf auf dem Tschögglberg oberhalb Vilpian. Fraktion der Gemeinde Mölten mit Weiler Versein. 400 Einwohner.
Liegt an der Straße nach Mölten 9 km ab Terlan. Verkehrslage und Ausgangspunkt wie Mölten.
Verkehrsamt I-39010 Mölten (BZ), Tel. 0471/66 81 39–66 82 82.
Ausgangspunkt für: siehe Mölten (# 11).

♦ 13 **VÖRAN** (Verano, 1204 m)

Bergort auf dem Tschögglberg nordwestlich von Mölten oberhalb der Steilstufe zwischen Burgstall und Gargazon. Gemeindeort mit dem Weiler Aschl und weit verstreuter Besiedlung. Ferienort. 800 Einwohner.
Zufahrtsstraße 18 km von Meran über Hafling; 20 km ab Terlan über Mölten. Seilbahn ab Burgstall (# 102).
Verkehrsamt I-39010 Vöran (BZ), Tel. 0473/59200.
Ausgangspunkt für Wanderungen am Tschögglberg.

♦ 14 **HAFLING** (Avelengo, 1290 m)

Größere Berggemeinde oberhalb von Meran, auf dem nördlichen Teil des Tschögglberges. Fremdenverkehrsort mit Falzeben und Meran 2000 (Wintersportgebiet). Verstreute Besiedlung. 700 Einwohner.
Zufahrtsstraße 9 km ab Meran, Straße nach Falzeben und Vöran. Ifinger-Seilbahn Naiftal – Piffing-Meran 2000 (# 110), Sessellift Falzeben – Piffing-Meran 2000 (# 112).
Verkehrsamt I-39010 Hafling (BZ), Tel. 0473/99457.
Ausgangspunkt für Wanderungen auf dem Tschögglberg und Ifinger–Meran 2000 (siehe Falzeben-Sessellift, # 112) und Auener Joch (# 250).

Passeiertal

♦ 15 **SCHENNA** (Scena, 600 m)

Fremdenverkehrsort am Berghang östlich von Meran am Eingang zum Passeiertal in landschaftlich schöner Lage. Gemeindehauptort mit Fraktionen Verdins, Tall und Weiler St. Georgen; weit verstreute Berghöfe am Ifinger- und Hirzer-Westabhang. Obst- und Weinbaugebiet im Mittelgebirge. Wintersportgebiet Klammeben. 2000 Einwohner.
Zufahrtsstraße von Obermais und Sinich. Verzweigtes Straßennetz an den Berghängen. Lokaler Autobusdienst. Ifinger-Seilbahn Naiftal – Piffing-Meran 2000 (# 110), Taser-Seilbahn nach Schennaberg (# 136), Verdinser Seilbahn nach Oberkirn (# 146), Sessellift zum Gasthof Grube (# 148), Hirzer-Seilbahn Saltaus – Tall – Klammeben (# 150).
Verkehrsamt I-39017 Schenna (BZ), Tel. 0473/95 669, Fax 95 581.
Ausgangspunkt für Wanderungen im Mittelgebirge; weitere siehe unter Aufstiegsanlagen.

Ifingermassiv (# 360) und Plattenspitzen von Süden; links Missensteiner Joch (# 259), Kesselberg und Kleiner Mittager (# 356). Im Vordergrund Hafling-Dorf, St. Karthrein in der Scharte und Oberdorf-Falzeben.

♦ 16 VERDINS (Verdins, 842 m)

Fremdenverkehrsort in landschaftlich schöner Lage im äußeren Passeiertal am Berghang nördlich von Schenna. Fraktion der Gemeinde Schenna mit Ortskern und verstreuter Besiedlung. 350 Einwohner. Zufahrtsstraße 3 km von Schenna, Seilbahn nach Oberkirn (# 146), Sessellift zum Gasthof Grube (# 148).

Verkehrsamt I-39017 Schenna (BZ), Tel. 0473/95 669.
Verkehrslage und Ausgangspunkt: siehe Schenna (# 15).

♦ 17 **TALL-PRENN** (Talle-Prene, 1404 m)

Fraktion der Gemeinde Schenna am Westabhang des Hirzermassivs; mit Weilern Prenn-Untertall, Obertall, Unterkirn und Oberkirn, verstreuten Einzelhofen und Berggasthöfen. Wander- und Wintersportgebiet Hirzer-Westhang. 400 Einwohner.
Zufahrtsstraße 10 km ab Saltaus (# 18), ab Passeiertal-Straße nach Prenn-Obertall und Oberkirn, Straßen zu den Berghöfen. Verdinser Seilbahn nach Oberkirn (# 146), Sessellift zum Gashof Grube (# 148), Hirzer-Seilbahn Saltaus – Prenn – Klammeben (# 150).
Vekehrsamt I-39017 Schenna (BZ), Tel. 0473/95 669.
Ausgangspunkt für Wanderungen am Berghang und Bergtouren im Hirzergebiet, siehe unter Aufstiegsanlagen.

♦ 18 **SALTAUS** (Saltusio, 490 m)

Weiler im vorderen Passeiertal am rechten Ufer der Passer an der Mündung des Saltauser Baches. Fraktion der Gemeinde St. Martin in Passeier. 550 Einwohner.
9 km ab Meran, Autobusdienst Passeiertal. Talstation der Hirzer-Seilbahn Saltaus – Prenn (Mittelstation) – Klammeben (# 150), Wander- und Wintersportgebiet Hirzer-Westhang. Straßen zum Jaufenpaß und zum Timmelsjoch.
Verkehrsamt I-39010 St. Martin in Passeier (BZ), Tel. 0473/64 12 10.
Ausgangspunkt für: siehe Hirzer-Seilbahn.

♦ 19 **ST. MARTIN IN PASSEIER** (S. Martino in Passiria, 597 m)

Größere Ortschaft im Passeiertal am rechten Ufer der Passer. Gemeindehauptort mit Fraktion Saltaus und verstreuten Berghöfen am Ostabhang der Sattelspitze. Ferienort. 2700 Einwohner.
16 km ab Meran, Autobusdienst Passeiertal. Straßen zum Jaufenpaß und zum Timmelsjoch (im Sommer Grenzübergang).
Verkehrsamt I-39010 St. Martin in Passeier (BZ) Tel. 0473/64 12 10.
Ausgangspunkt für Wanderungen in der östlichen Texelgruppe und im Hirzergebiet.

♦ 20 ST. LEONHARD IN PASSEIER
(S. Leonardo in Passiria, 689 m)

Hauptort des Tales an der Talverzweigung Passeiertal – Wannser Tal am Südabhang des Kreuzspitzkammes. Gemeindehauptort mit Fraktionen Schweinsteg am Westhang des Hirzermassivs und Walten im Wannser Tal. Fremdenverkehrsort. 3000 Einwohner.
20 km ab Meran, Autobuslinie Passeiertal. Straßen Walten – Jaufenpaß und Moos – Rabenstein – Timmelsjoch (im Sommer Grenzübergang in das Ötztal).
Verkehrsamt I-39015 St. Leonhard in Passeier (BZ), Tel. 0473/86 188.
Ausgangspunkt für Wanderungen und Bergtouren in den Sarntaler, Stubaier und Ötztaler Alpen.

♦ 21 WALTEN (Valtina, 1269 m)

Am Sonnenhang des Wannser Tales an der südseitigen Jaufenpaßstraße gelegener Weiler; Fraktion der Gemeinde St. Leonhard in Passeier mit Weiler Innerwalten und verstreuten Berghöfen. Ferienort. 400 Einwohner.
29 km ab Meran, Autobusdienst über den Jaufenpaß.
Verkehrsamt I-39015 St. Leonhard in Passeier (BZ), Tel. 0473/86 188.
Ausgangspunkt für Wanderungen und Bergtouren im Bereich Jaufenpaß – Penser Kamm.

Sarntal

♦ 22 SARNTHEIN (Sarentino, 961 m)

Hauptort des Sarntales in schöner Lage in der größten Talweitung kurz vor der Verzweigung Penser Tal – Durnholzer Tal. Sitz der Gemeindeverwaltung Sarntal (größte Gemeinde des Landes) mit Fraktionen Buntschen, Aberstückl, Pens, Reinswald und Durnholz und den Weilern Nordheim und Astfeld im Talboden sowie Putzen, Auen, Öttenbach, Kandelsberg, Gentersberg, Riedelsberg und Windlahn an den umliegenden Berghängen. Fremdenverkehrsgebiet. 3500 Einwohner.
19 km ab Bozen, neu ausgebaute Straße (mehrere Tunnel) durch die Sarner Porphyrschlucht. Autobuslinien Pens – Asten und Reinswald – Durnholz. Straßen zu den Bergweilern und Paßstraße über das Penser Joch.

Verkehrsamt I-39058 Sarnthein (BZ), Tel. 0471/62 30 91.
Ausgangspunkt in zentraler Lage für Wanderungen und Bergtouren in den Sarntaler Alpen; Schart-Biwak (# 206), Rittner-Horn-Haus (# 232), Meraner Hütte (# 114), Auener Joch (# 250) und Kreuzjöchl (# 254).

♦ 23 NORDHEIM-ASTFELD
(Villa-Campolasta, 1021 m)

Nördlich an Sarnthein anschließende Ortschaften. 600 Einwohner.
Verkehrsamt I-39058 Sarnthein (BZ), Tel. 0471/62 30 91.
Verkehrslage und Ausgangspunkt: siehe Sarnthein (# 22).

♦ 24 ABERSTÜCKL (Sonvigo, 1325)

Kleines Bergdorf im Penser Tal am Ostabhang des Hirzermassivs. Fraktion der Gemeinde Sarntal mit Weilern Gebracksberg und Rabenstein/Muls. 500 Einwohner.
12 km ab Sarnthein (# 22), Autobushaltestelle etwas nördlich der Straßenabzweigung zur Ortschaft (geschlossener Gasthof).
Verkehrsamt I-39058 Sarnthein (BZ), Tel. 0471/62 30 91.
Ausgangspunkt für Missensteiner Joch (# 259), Kesselberghütte (# 118), Hirzerscharte (# 275), Hirzer (# 373), Hönigspitze (# 370), Anstieg zum Sarntaler Höhenweg (# 500) und zur Großen Hufeisentour (# 508).

♦ 25 WEISSENBACH (Riobianco, 1338 m)

Bergdorf im Penser Tal an der Mündung des Weißenbachtales am Südabhang des Penser Kammes, gehört zur Fraktion Pens der Gemeinde Sarntal. Ferienort. 150 Einwohner.
16 km ab Sarnthein (# 22), Autobuslinie Sarntal.
Verkehrsamt I-39058 Sarnthein (BZ), Tel. 0471/62 30 91.
Ausgangspunkt für Wanderungen und Bergtouren im Penser und Genterskamm, Sarntaler Höhenweg (# 500), Große Hufeisentour (# 508).

St. Leonhard in Passeier. Im Hintergrund des Tales ist die Trasse der Jaufenpaßstraße erkennbar, rechts die Jaufenspitze.

♦ 26 **PENS** (Pennes, 1450)

Bergdorf im Penser Tal am Südabhang des Penser Weißhorns. Fraktion der Gemeinde Sarntal mit Weilern Außerpens, Innerpens und Asten. Ferienort. 800 Einwohner.
19 km ab Sarnthein (# 22), Autobuslinie Sarntal, Paßstraße über das Penser Joch nach Sterzing (# 29).
Verkehrsamt I-39058 Sarnthein (BZ), Tel. 0471/62 30 91.
Ausgangspunkt für Wanderungen und Bergtouren im Penser- und Genterskamm und in den Flagger Bergen.

♦ 27 **REINSWALD**
(S. Martino, 1492 m)

Bergort im Durnholzer Tal an der Mündung des Getrumtales am Südwesthang des Pichlberges. Fraktion der Gemeinde Sarntal mit Weilern Agratsberg, Unter- und Hinterreinswald. Ferienort. Wintersportgebiet. 800 Einwohner.
12 km ab Sarnthein (# 22), Abzweigung von der Durnholzer Talstraße. Autobusdienst. Sessellift Reinswald – Pichlberg (# 188).
Verkehrsamt I-39058 Sarnthein (BZ), Tel. 0471/62 30 91.
Ausgangspunkt für Getrumjoch (# 455), Lückl (# 328), Schutzhaus Latzfonser Kreuz (# 199), Kassianspitze (# 445), Gfoler Schupfe – Stöfflhütte (# 213), Am Toten (# 330) und Villanderer Berg (# 457).

♦ 28 **DURNHOLZ**
(Valdurna, 1568 m)

Im Durnholzer Tal am gleichnamigen See gelegenes kleines Bergdorf. Höchstgelegene Fraktion der Großgemeinde Sarntal mit Weiler Außerdurnholz und Berghöfen in über 1700 m Meereshöhe. Ferienort. 300 Einwohner.
14 km ab Sarnthein (# 22), Parkplatz kurz vor der Ortschaft, Endstation der Autobuslinie.
Verkehrsamt I-39058 Sarnthein (BZ), Tel. 0471/62 30 91.
Ausgangspunkt für Flaggerschartenhütte (# 171), Durnholzer Jöchl (# 300), Karnspitze (# 408), Schalderer Scharte (# 320), Schrotthorn (# 430), Fortschellscharte (# 323) und Schutzhaus Latzfonser Kreuz (# 199).

Wipptal

♦ 29 STERZING
(Vipiteno, 948 m)

Kleinstadt, Hauptort des südlichen Wipptales (oberes Eisacktal); liegt im großen, ebenen Talboden an der Mündung des Pfitscher und Ridnauntals. Gemeindesitz mit zahlreichen Weilern an den umliegenden Berghängen. 5300 Einwohner.
15 km ab Brennerpaß. Autobahnausfahrt südlich der Stadt. Bahnhof. Autobuslinien-Knotenpunkt zu den umliegenden Tälern. Roßkopf-Umlaufbahn (Wintersportgebiet). Verzweigtes Straßennetz.
Verkehrsamt I-39049 Sterzing (BZ), Tel. 0472/76 53 25, Fax 76 54 41.
Ausgangspunkt für Wanderungen im Mittelgebirge und Bergtouren in den Sarntaler, Stubaier und Zillertaler Alpen.

♦ 30 GASTEIG
(Casatea, 970 m)

Ortschaft im Ridnauntal an der Mündung des Jaufentals. Fraktion der Gemeinde Ratschings mit Weilern Mitterthal und St. Anton im Jaufental. 500 Einwohner.
3 km ab Sterzing, an der Abzweigung Ridnauner Talstraße/Jaufenpaßstraße. Ridnauner Autobus-Haltestelle.
Verkehrsamt I-39040 Ratschings (BZ), Tel. 0472/66 666.
Ausgangspunkt für Wanderungen und Bergtouren in den Sarntaler und Stubaier Alpen.

♦ 31 FREIENFELD-TRENS
(Campo di Trens, 937 m)

Zwei zusammenhängende Ortschaften im Wipptal südlich von Sterzing. Gemeindesitz, Ortschaften Stilfes, Weiler Elzenbaum, Egg, Valgenäun und Bartinges. 700 Einwohner.
20 km ab Brennerpaß, 6 km ab Autobahnausfahrt Sterzing. Bahn- und Bushaltestelle. Paßstraße zum Penser Joch.
Verkehrsamt I-39040 Freienfeld-Trens (BZ), Tel. 0472/67 390.
Ausgangspunkt für Bergtouren in den Pfunderer und Flaggerbergen.

♦ 32 **STILFES** (Stilves, 963 m)

Kleine Ortschaft im Wipptal am Nordostabhang des Zinselers westlich von Freienfeld. Fraktion der Gemeinde Freienfeld-Trens. 500 Einwohner.
Zufahrt ab Freienfeld, Verkehrslage wie Freienfeld.
Verkehrsamt I-39040 Freienfeld-Trens (BZ), Tel. 0472/67 390.
Ausgangspunkt für Bergtouren in den Flaggerbergen.

♦ 33 **MAULS** (Mules, 940 m)

Ortschaft im Wipptal südlich von Sterzing an der Mündung des Maulser Tals. Fraktion der Gemeinde Freienfeld-Trens mit den Weilern Pfulters, Niederried, Niederflans und Ritzail. 500 Einwohner.
24 km ab Brennerpaß, 10 km ab Autobahnausfahrt Sterzing. Bahn- und Bushaltestelle.
Verkehrsamt I-39040 Freienfeld-Trens (BZ), Tel. 0472/67 390.
Ausgangspunkt für Wanderungen und Bergtouren in den Flagger- und Pfunderer Bergen.

♦ 34 **GRASSTEIN** (Le Cave, 844 m)

Kleine Ortschaft im Wipptal zwischen Mittewald und Mauls, im Bereich der Sachsenklemme. Fraktion der Gemeinde Franzensfeste. 70 Einwohner.
Zufahrt von der Brennerstraße.
Verkehrsamt I-39045 Franzensfeste (BZ), Tel. 0472/48 631.
Ausgangspunkt für Bergtouren in den Flaggerbergen; siehe auch Traminscharte (# 308).

♦ 35 **MITTEWALD** (Mezzaselva, 801 m)

Ortschaft im Wipptal im Talboden südlich der Sachsenklemme. Fraktion der Gemeinde Franzensfeste. 300 Einwohner.
31 km ab Brennerpaß, 17 km ab Autobahnausfahrt Sterzing. Bahn- und Bushaltestelle.
Verkehrsamt I-39045 Franzensfeste (BZ), Tel. 0472/48 631.
Ausgangspunkt für Flaggerschartenhütte (# 171) und Bergtouren in den Flaggerbergen.

♦ 36 **FRANZENSFESTE**
(Fortezza, 749 m)

Ortschaft in der Talenge am Übergang des Wipptals in das Eisacktal. Große Bahnhofsanlage. Gemeindesitz, Fraktionen Grasstein und Mittewald, Weiler Oberau und Riol. 800 Einwohner.
35 km ab Brennerpaß, 3,5 km ab Autobahnausfahrt Brixen–Pustertal. Haltestelle internationaler Schnellzüge, Zollstation, Abzweigung der Pustertaler Bahnlinie.
Verkehrsamt I-39045 Franzensfeste (BZ), Tel. 0472/48 631.
Ausgangspunkt für Bergtouren in den Flagger und Schalderer Bergen.

Eisacktal

♦ 37 **VAHRN** (Varna, 671 m)

Größere Ortschaft im Eisacktal nördlich von Brixen an der Mündung des Schalderer Tals. Siedlungsbereich bis zum Stadtrand von Brixen. Gemeindehauptort mit Fraktionen Neustift, Schalders und Spiluck. Fremdenverkehrsort. 1200 Einwohner.
3 km ab Autobahnausfahrt Brixen–Pustertal. Autobuslinien- und Bahnhaltestelle, lokale Busverbindung zwischen Brixen – Neustift – Vahrn und Schalders.
Verkehrsamt I-39040 Vahrn (BZ), Tel. 0472/34 958.
Ausgangspunkt für Wanderungen im Mittelgebirge und Bergtouren in den östlichen Sarntaler Alpen.

♦ 38 **NEUSTIFT** (Novacella, 594 m)

Schön gelegene Ortschaft im Talboden nördlich von Brixen mit Ortsteil am Südwesthang der Hochfläche von Natz. Fraktion der Gemeinde Vahrn. Kloster Neustift mit Kunst- und Kulturschätzen. Weinbaugebiet. Fremdenverkehrsort. 1000 Einwohner.
3 km südlich der Autobahnausfahrt Brixen–Pustertal, 3 km nördlich von Brixen. Autobuslinie Eisacktal – Pustertal, Stadtbusverkehr mit Brixen und Vahrn.
Verkehrsamt I-39040 Vahrn (BZ), Tel. 0472/34 958.
Ausgangspunkt für Wanderungen auf der Hochfläche von Natz-Schabs und Touren in den Schalderer Bergen.

♦ 39 **SPILUCK** (Spelonca, 1303 m)

Bergweiler am Südhang des Scheibenberges. Fraktion der Gemeinde Vahrn. Einzelhöfe und Berggasthöfe. Ferienort. 100 Einwohner.
Zufahrt 5 km ab Vahrn, Abzweigung von der Straße nach Schalders.
Verkehrsamt I-39040 Vahrn (BZ), Tel. 0472/34 958.
Ausgangspunkt für Touren in den Schalderer Bergen.

♦ 40 **SCHALDERS** (Scaleres, 1166 m)

Bergdorf am Sonnenhang des Schalderer Tals mit Vorder- und Innerschalders und verstreuten Einzelhöfen. Fraktion der Gemeinde Vahrn. 300 Einwohner.
Zufahrt 4 km ab Vahrn. Autobusdienst.
Verkehrsamt I-39040 Vahrn (BZ), Tel. 0472/34 958.
Ausgangspunkt für Karspitze (# 433), Schalderer Scharte (# 320), Schrotthorn (# 430), Lorenzischarte (# 326) und Königsanger (# 442).

♦ 41 **BRIXEN** (Bressanone, 559 m)

Die Stadt Brixen liegt im weiten Talkessel des Eisacktales am Zusammenfluß von Eisack und Rienz. Hauptort, kommerzielles und kulturelles Zentrum des Tales. Fremdenverkehrsort. Fraktionen Milland, Albeins-Sarns, Pfeffersberg, Elvas, St. Leonhard, St. Andrä, Afers-Palmschoß. 16 000 Einwohner.
6 km ab Autobahnausfahrt Brixen–Pustertal, 9 km ab Autobahnausfahrt Klausen–Gröden. Der Bahnhof ist Haltestelle internationaler Schnellzüge. Autobuslinien-Knotenpunkt mit Verbindungen zu den umliegenden Tälern und Ortschaften. Plose-Umlaufbahn St. Andrä – Kreuztal.
Kurverwaltung I-39042 Brixen (BZ), Tel. 0472/36 401, Fax 0472/36 067.
Ausgangspunkt für Wanderungen im Mittelgebirge, zentrale Lage für Bergtouren in den Sarntaler und Zillertaler Alpen und in den Dolomiten.

♦ 42 **TILS** (Tiles, 883 m)

Bergdorf oberhalb Brixen am Ostabhang des Radlseemassivs. Hauptort am Pfeffersberg; Fraktion der Gemeinde Brixen mit den Weilern Pinzagen, Gereuth, Tschötsch, Payrdorf, Tötschling und Mahr. 700 Einwohner.
Zufahrtsstraße 4 km ab Brixen (# 41), Straßenverbindungen zu den Weilern. Autobusdienst.

Kurverwaltung I-39042 Brixen (BZ), Tel. 0472/36 401.
Ausgangspunkt für Radlseehütte (# 181), Königsanger (# 442) und Wanderungen im Mittelgebirge.

♦ 43 FELDTHURNS (Velturno, 851 m)

Ortschaft in schöner Lage auf dem westlichen Mittelgebirge im Eisacktal zwischen Brixen und Klausen. Gemeindesitz mit Ortschaften Garn, Schnauders und Schrambach, verstreute Besiedlung. Fremdenverkehrsort. 2000 Einwohner.
Zufahrt 4 km ab Autobahnausfahrt Klausen – Gröden, 7,5 km ab Brixen (# 41). Autobusdienst. Straßennetz im Mittelgebirge.
Verkehrsamt I-39040 Feldthurns (BZ), Tel. 0472/45 290.
Ausgangspunkt für Radlseehütte (# 181), Königsanger (# 442) und Wanderungen im Mittelgebirge.

♦ 44 KLAUSEN (Chiusa, 523 m)

Malerisches Städtchen im mittleren Eisacktal am Fuß des Säbener Burgfelsens an der Mündung der Thinnebachschlucht. Gemeinde mit Fraktionen Verdings, Latzfons und Gufidaun. Fremdenverkehrsort. 2300 Einwohner.
Autobahnausfahrt nördlich der Stadt. Schnellzughaltestelle der Brennerbahnlinie. Autobuslinie Eisacktal, Verbindung zu den umliegenden Ortschaften und Tälern.
Verkehrsverband I-39043 Klausen (BZ), Tel. 0472/47 424.
Ausgangspunkt für Wanderungen im Eisacktaler Mittelgebirge, zentrale Lage für Bergtouren in den östlichen Sarntaler Alpen und in den Dolomiten.

♦ 45 VERDINGS (Verdignes, 961 m)

Ortschaft im Mittelgebirge nördlich von Klausen. Fraktion der Gemeinde Klausen mit Weiler Pardell. 300 Einwohner.
Zufahrtsstraße 2,5 km ab Feldthurns, Nebenstraßen ab Klausen.
Verkehrsverband I-39043 Klausen (BZ), Tel. 0472/47 424.
Ausgangspunkt für Wanderungen im Eisacktaler Mittelgebirge; weitere siehe unter Latzfons (# 46) und Feldthurns (# 43).

♦ 46 **LATZFONS** (Lazfons, 1160 m)

Bergdorf nördlich von Klausen am Sonnenhang des Radlseemassivs. Fraktion der Gemeinde Klausen mit weit verstreuter Besiedlung. Ferienort. 1400 Einwohner.
Zufahrtsstraße 11 km ab Klausen über Feldthurns und durch das Thinnetal. Autobusdienst. Straßennetz am Berghang.
Verkehrsverband I-39043 Klausen (BZ), Tel. 0472/47 424.
Ausgangspunkt für Klausner Hütte (# 196), Schutzhaus Latzfonser Kreuz (# 199), Gfoler Schupfe (# 213), Kassianspitze (# 445), Lorenzispitze (# 440) und Königsanger (# 442).

♦ 47 **VILLANDERS** (Villandro, 880 m)

Ortschaft am Berghang westlich von Klausen. Gemeindesitz mit Weilern St. Valentin, Stofels und Sauders (St. Moritz). Weit verstreute Besiedlung am Ostabhang des Villanderer Berges. Ferienort. 1700 Einwohner.
Zufahrtsstraße 5 km ab Klausen über St. Valentin.
Verkehrsamt I-39040 Villanders (BZ), Tel. 0472/53 121, Fax 0472/53 347.
Ausgangspunkt für Gasserhütte (# 209), Rittner-Horn-Haus (# 232), Stöfflhütte (# 210), Villanderer Berg (# 457) und Sarner Scharte (# 459).

♦ 48 **WAIDBRUCK** (Ponte Gardena, 470 m)

Liegt im südwärts sich verengenden Eisacktal an der Mündung des Grödner Tales. Verkehrsknotenpunkt. Gemeindesitz. 240 Einwohner.
7,5 km ab Autobahnausfahrt Klausen–Gröden. Schnellzughaltestelle der Brennerbahnlinie. Autobuslinie Eisacktal, Busverbindungen nach Gröden, Kastelruth, Lajen und Barbian.
Verkehrsamt I-39040 Waidbruck (BZ), Tel. 0471/65 43 21.
Ausgangspunkt für Wanderungen im Eisacktaler Mittelgebirge, Touren im Bereich Rittner Horn – Villanderer Berg und in den Dolomiten.

Das Eisacktal. Der Blick geht nach Norden über das Städtchen Klausen mit dem Kloster Säben auf den Westabhang der Sarntaler Alpen.

♦ 49 BARBIAN (Barbiano, 830 m)

Ortschaft am Berghang westlich von Waidbruck. Gemeindesitz mit Fraktion Kollmann, Weiler Gasser Saubach und weit verstreuter Besiedlung. Ferienort. 700 Einwohner.
Zufahrtsstraße 2,5 km ab Waidbruck, Straßennetz am Berghang, Verbindung nach Lengstein am Ritten.
Verkehrsamt I-39040 Barbian (BZ), Tel. 0471/65 44 11.
Ausgangspunkt für Wanderungen im Mittelgebirge und Touren im Bereich Rittner Horn – Villanderer Berg.

♦ 50 KOLLMANN (Colma di Barbiano, 485 m)

Ortschaft am nördlichen Ende der Eisacktaler Schlucht an der Mündung des Ganderbaches, unweit von Waidbruck. Fraktion der Gemeinde Barbian. 250 Einwohner.
8 km ab Autobahnausfahrt Klausen.
Verkehrsamt I-39040 Barbian (BZ), Tel. 0471/65 44 11.
Verkehrslage und Ausgangspunkt: siehe Waidbruck (# 48).

♦ 51 ATZWANG (Campodazzo, 370 m)

Ortschaft im unteren Eisacktal an der Mündung des Finsterbaches. Fraktion der Gemeinde Ritten. 300 Einwohner.
9 km ab Autobahnausfahrt Bozen-Nord. Autobuslinie Eisacktal.
Verkehrsamt I-39050 Karneid-Steinegg (BZ), Tel. 0471/67 65 74.
Ausgangspunkt für Wanderungen auf der Rittner und Völser Hochfläche.

♦ 52 BLUMAU (Prato all'Isarco, Prato Tires, 315 m)

Ortschaft im unteren Eisacktal an der Mündung des Tierser Tales.
Der Ortsteil südlich des Tierser Baches ist Fraktion der Gemeinde Karneid, jener nördlich davon ist Fraktion der Gemeinde Völs. 600 Einwohner. Südliche Mündung des Eisacktaler Eisenbahntunnels.
4 km ab Autobahnausfahrt Bozen-Nord, Abzweigung der Straßen nach Völs, Tiers, Seis und zur Seiser Alm sowie Kastelruth – Panider Sattel – St. Ulrich und Steinegg – Gummer; Busverbindungen. Autobuslinie Eisacktal. Bahnhof.
Verkehrsamt I-39050 Karneid-Steinegg (BZ), Tel. 0471/67 65 74.
Ausgangspunkt für Wanderungen auf der Hochfläche von Seis-Völs.

Ritten

♦ 53 **KLOBENSTEIN** (Collalbo, 1154 m)

Fremdenverkehrsort in schöner Lage auf der Rittner Hochfläche. Hauptort der Gemeinde Ritten mit Fraktionen Oberbozen-Maria Himmelfahrt, Lengstein, Unterinn, Oberinn, Atzwang im Eisacktal und Wangen am Hang der Sarner Schlucht. Weiler Signat, Wolfsgruben, Lengmoos, Mittelberg-Maria Saal und Kematen. Weit verstreute Einzelhöfe auf der Hochfläche. 1800 Einwohner.
15 km auf der Rittner Straße ab Bozen-Rentsch; verzweigtes Straßennetz zu den Ortschaften und Weilern mit Autobusdienst. Rittner Seilbahn Bozen – Oberbozen (# 226), Rittner Trambahn Maria Himmelfahrt – Klobenstein (# 227), Panorama-Sessellift Rittner Horn (Schwarzsee, # 228).
Verkehrsamt I-39054 Klobenstein (BZ), Tel. 0471/56 100.
Ausgangspunkt für Wanderungen auf der Hochfläche und zum Rittner Horn.

♦ 54 **LENGSTEIN** (Longostagno, 970 m)

Kleine Ortschaft am Ostrand der Rittner Hochfläche am Abhang zum Eisacktal. Fraktion der Gemeinde Ritten mit Weilern Mittelberg, Maria Saal, Rotwand und Antlas sowie verstreuten Einzelhöfen. 500 Einwohner.
Verkehrsamt I-39054 Klobenstein (BZ), Tel. 0471/56 100.
Ausgangspunkt für Wanderungen auf dem Ritten und zum Rittner Horn.

♦ 55 **UNTERINN** (Auna di Sotto, 909 m)

Ortschaft am Südabhang des Ritten oberhalb von Bozen. Fraktion der Gemeinde Ritten mit Weilern Eschenbach und Signat. Ferienort. 1400 Einwohner.
9 km auf der Rittner Straße ab Bozen-Rentsch, Abzweigung nach Signat. Autobusdienst.
Verkehrsamt I-39054 Unterinn (BZ), Tel. 0471/56 280.
Ausgangspunkt für Wanderungen im Mittelgebirge.

♦ 56 **OBERBOZEN** (Soprabolzano, 1221 m)

Fremdenverkehrsort am Südabhang des Ritten zwischen Sarner Schlucht und Katzenbachtal. Fraktion der Gemeinde Ritten. Mit Maria Himmel-

Rittner Herbstmotiv: Die Erdpyramiden mit dem Weiler Mittelberg, im Hintergrund die Hochfläche von Kastelruth mit Puflatsch, Langkofelgruppe und Schlern.

fahrt zusammenhängender Ortsbereich, Weiler Wolfsgruben und verstreute Besiedlung. 1000 Einwohner.
16 km auf der Rittner Straße ab Bozen-Rentsch, verzweigtes Straßennetz. Autobusdienst. Rittner-Seilbahn-Bergstation (# 226), Rittner Trambahn Maria Himmelfahrt – Klobenstein (# 227).
Verkehrsamt I-39054 Oberbozen (BZ), Tel. 0471/55 245.
Ausgangspunkt für Wanderungen auf der Hochfläche und zum Rittner Horn (# 462), Sarntaler Höhenweg (# 500).

♦ 57 **OBERINN** (Auna di Sopra, 1300 m)

Bergdorf am Westrand auf der Sarntaler Seite der Rittner Hochfläche, über dem Emmersbachtal. Fraktion der Gemeinde Ritten mit Weiler Gißmann und verstreuter Besiedlung. 500 Einwohner.
Zufahrtsstraße 5,5 km ab Klobenstein, Straßenverbindung über Wangen zum Sarntal. Autobusdienst.
Verkehrsamt I-39054 Klobenstein (BZ), Tel. 0471/56 100.
Ausgangspunkt für Wanderungen auf der Hochfläche und zum Rittner Horn.

♦ 58 **WANGEN** (Vanga, 1064 m)

Kleines Dorf am Sarntaler Abhang des Ritten auf dem Bergrücken über dem Johanniskofel. Fraktion der Gemeinde Ritten mit Weilern Niederwangen und Schatten. 400 Einwohner.
Zufahrtsstraße 4,5 km ab Oberinn, Verbindungsstraße Niederwangen – Sarntal. Autobusverbindung vom Ritten.
Verkehrsamt I-39054 Klobenstein (BZ), Tel. 0471/56 100.
Ausgangspunkt für Waldwanderungen und zum Rittner Horn (# 462).

♦ **59–99 frei.**

Schutzhütten und Aufstiegsanlagen

Westliche Sarntaler Alpen

Tschögglberg

♦ 100 JENESIEN-SEILBAHN

Führt von Bozen-Rafenstein (Eingang zum Sarntal) nach Jenesien.
Talstation (310 m) an der Sarntaler Straße nördlich von Fagen, Einfahrt zum Parkplatz gegenüber an der Talfer.
Bergstation (1056 m) in Jenesien (# 8), südöstlicher Ortsteil.
Betrieb ganzjährig, an Werktagen: 7.10–12.30/14.20–19.30; an Sonn- und Feiertagen: 8.00–12.30/14.30–19.00 jede halbe Stunde und bei Bedarf. Tel. 0471/97 84 36.
Straße 9 km von Bozen-Fagen nach Jenesien.
Ausgangspunkt für Fernwanderweg E 5 (# 510), Sarntaler Höhenweg (# 500) und Wanderungen am Tschögglberg.

♦ 101 MÖLTENER SEILBAHN

Führt vom nördlichen Ortsteil von Vilpian zum Bergrücken unterhalb Schlaneid.
Talstation (260 m) in Vilpian an der Staatsstraße, Parkplatz knapp. Linienbus-Haltestelle.
Bergstation (1020 m, Gasthof Etschblick) an der Bergkante oberhalb der Steilstufe. Straße über Schlaneid nach Mölten 3 km.
Betrieb ganzjährig: 7.00–19.00 stündlich und bei Bedarf; an Sonn- und Feiertagen erste Fahrt 8.00 Uhr. Tel. 0471/66 80 53.
Ausgangspunkt für Wanderungen am Tschögglberg.

♦ 102 VÖRANER SEILBAHN

Führt vom südlichen Ortsteil von Burgstall nach Vöran.
Talstation (265 m) in Burgstall an der Staatsstraße, Parkplatz. Linienbus-Haltestelle.
Bergstation (1170 m, Gasthof Alber) westlich von Vöran.

Betrieb ganzjährig von 7.00–19.00 stündlich und bei Bedarf, an Sonn- und Feiertagen erste Fahrt 8.00 Uhr. Tel. 0473/29 11 20.
Ausgangspunkt für Wanderungen am Tschögglberg.

♦ 103 MÖLTENER KASER
(1763 m, privat)

Almbetrieb-Einkehrhütte auf dem Tschögglberg am Südabhang der Hohen Reisch. Ausflugsziel im Wandergebiet Sarnthein – Mölten.
Einfache Bewirtschaftung. Geöffnet in der Almbetriebszeit von Mitte Mai bis Ende Oktober. Verpflegung, Übernachtungsmöglichkeit auf Heulagern. Stützpunkt für Sarntaler Höhenweg (# 500) und Fernwanderweg E 5 (# 510).

♦ 104 Von Flaas/Jenesier-Jöchl-Alm (1664 m)
Aufstieg 100 m, markiert, 0.25 Std.
Anfahrt von Flaas nach Kampidell und auf Wirtschaftsweg 6,5 km zur Jenesier-Jöchl-Alm (1664 m, Jausenstation, Parkplatz).
Auf Fußweg (Hinweis) leicht ansteigend nach Norden zum Jöchlbachgraben und westwärts im Wald zur Hütte.

♦ 105–109 frei.

Ifinger – Hirzer

♦ 110 IFINGER-SEILBAHN
(Seilbahn Naif – Piffing)

Führt von Obermais-Naiftal zur Waldgrenze am Piffinger Köpfl, Wander- und Wintersportgebiet „Meran 2000“.
Talstation (665 m) im Naiftal an der Straße Meran – Hafling, Parkplatz. Linienbushaltestelle.
Mittelstation (1223 m) Rotwand unterhalb Gsteier.
Bergstation (1900 m) am Piffinger-Köpfl-Südwesthang, Falzeben-Sessellift-Bergstation, Bar-Restaurant, Wintersportanlagen.
Betriebszeiten: 15.05.–31.10. Wintersaison.
Tagesbetrieb: 9.00–17.00, Fahrten stündlich und bei Bedarf (mit einer Stunde Mittagspause), Tel. 0473/34 821.
Ausgangspunkt für Meraner Hütte (# 114), Kesselberghütte (# 118),

Mittagerhütte (# 122), Ifingerhütte (# 138), Ifingerscharte (# 267), Oswaldscharte (# 264), Missensteiner Joch (# 259), Ifinger (# 360), Verdinser Plattenspitze (# 362) und Großer Mittager (# 358).

♦ **111 Zur Talstation** (665 m)
Abstieg 1235 m, Mark. 3, 2.00 Std.
Von der Gondelliftstation auf der Straße nordostwärts zur Wegverzweigung beim Piffinger Sattel (Hinweise an Lärchenstamm, Gatter). Auf Steig Mark. 3 am steilen, schattigen Waldhang zur Ochsenbodenalm (1745 m) und weiter am Sonnenhang des Naiftales auf Fußweg westwärts zum Gasthof Gsteir (1372 m, 0.50 Std.). Nun auf der Straße, auch steile Abkürzungen, zur Talstation.

♦ 112 FALZEBEN-SESSELLIFT

Führt von Hafling-Falzeben zur Waldgrenze am Piffinger Köpfl, Wander- und Wintersportgebiet „Meran 2000".
Talstation (1625 m) in Falzeben, Hotel Falzeben, Restaurant Panorama (Tel. 0473/99445). Zufahrtsstraße 5 km von Hafling, Abzweigung bei der Tankstelle (Hinweise). Großer Parkplatz mit Gebühr.
Bergstation (1900 m) Piffinger Alm am Piffinger-Köpfl-Südhang, Ifinger-Seilbahn-Bergstation, Bar-Restaurant, Wintersportanlagen.
Betriebszeiten: 15.05.–31.10. Wintersaison.
Tagesbetrieb: 9.00–12.00/13.15–17.00. Tel. 0473/99 450–34 821.
Ausgangspunkt für: siehe Ifinger-Seilbahn (# 110).

♦ **113 Zur Talstation** (1625 m)
Abstieg 275 m, markiert, 0.40 Std.
Von der Gondelliftstation (Hinweise) rechts hinab zur Piffinger Alm, weiter auf der Straße, teils breite Skipiste, zur Zuegghütte (1766 m, Pension-Jausenstation) und im Bereich des bewaldeten Bergrückens zur Talstation.

♦ 114 MERANER HÜTTE
(Hermann-Gritsch-Haus, Rifugio Merano, 1960 m, AVS)

Restaurant-Schutzhaus auf Meran 2000 (Kirchsteiger Alm) am Westabhang des Kleinen Mittagers, über dem Sinich-Wildbachgraben. Wander- und Wintersportgebiet.

Die südseitigen Granitwände des Großen und Kleinen Ifingers; rechts im Hintergrund das Kesselwandjoch (# 118). Aufgenommen vom Piffinger Köpfl (Seilbahnstationen Meran 2000, # 110, # 112).

Bewirtschaftung: Fam. Tribus, Tel. 0473/99 405.
Adresse: I-39010 Hafling (BZ), Meran 2000.
Geöffnet: 01.06.–31.10. Wintersaison. 50 Schlafplätze.
Stützpunkt für Ifinger (# 360), Verdinser Plattenspitze (# 362), Kleinen Mittager (# 356), Großen Mittager (# 358), Sarntaler Höhenweg (# 500), Große Hufeisentour (# 508) und Fernwanderweg E 5 (# 510).

♦ **115 Von Piffing** (1900 m) – **Bergstation des Falzeben-Sessellifts** (# 112) **und der Ifinger-Seilbahn** (# 110).
Aufstieg 120 m, Abstieg 60 m, markiert, 1.00 Std.

Von der Gondelliftstation hinab zur Straße und nordwärts zur Abzweigung, dort rechts auf der Straße. Nach etwa 600 m rechts abwärts zur unterhalb verlaufenden Straße (führt von Falzeben herauf). Auf dieser zu den Liftstationen bei der Kirchsteiger Alm und am Hang gegenüber auswärts zum Schutzhaus (Hinweise an den Wegverzweigungen).

♦ **116 Von Falzeben** (1625 m, # 112)
Aufstieg 335 m, markiert, 1.40 Std.

Von der Falzeben-Sessellift-Talstation (Schranke, Hinweise) auf der Pistenstraße über den Bergrücken mäßig ansteigend nordostwärts zur Zugghütte (1766 m, Pension-Jausenstation). Weiter ostwärts zur Straßenabzweigung (Hinweise; rechts zur Rotwandhütte, zur Zeit geschlossen). Weiter auf der Straße einen Graben ausgehend zur Waldgrenze und wie bei # 115 zum Schutzhaus (Blickverbindung).

♦ **117 Von Sarnthein/Obermarcher** (1638 m)
Aufstieg 320 m, Mark. 3, 1.15 Std.

Anfahrt abzweigend an der Sarntheiner Nordeinfahrt (961 m, # 22) von der Straße zur Handwerkerzone (verwitterte Schilder für Mark. 3 und 15) nach Westen und auf der asphaltierten Öttenbacher Höfestraße 6 km bis zum Obermarcher (1638 m, Jausenstation, Ausflugsziel, knapper Parkplatz für Hausgäste, einzelne Plätze kurz vor dem Hof am Straßenrand).
Auf anfangs steilem Almweg nach Westen ansteigend, durch Wald- und Weidehänge zur Abzweigung (Hinweis, Mark. 15 führt zum Kreuzjöchl # 254). Mit Mark. 3 rechts am Sonnenhang über Weidehänge in nordwestlicher Richtung ansteigend zur Unteren Scharte (1964 m, Wegkreuzung) und am steilen Schutthang (Erosionsgräben) auf breitem Fußweg nach Norden zum Schutzhaus.

♦ 118 KESSELBERGHÜTTE
(Rifugio Valcanova, 2300 m, privat)

Auf dem Kesselwandjoch, Bergstation einer Liftanlage östlich über dem Missensteiner Joch (# 259). Wander- und Wintersportgebiet Meran 2000. Ausflugsziel, Panoramalage.
Hüttenwirt: Otto Gurschler, Tel. 0473/99477.

Adresse: I-39012 Meran (BZ), 1.-Mai-Straße 4, Tel. 0473/48148.
Geöffnet: 20.05.–10.11. Wintersaison. 80 Schlafplätze.
Stützpunkt für Großen Mittager (# 358), Ifinger (# 360), Verdinser Plattenspitze (# 362), Sarntaler Höhenweg (# 500), Große Hufeisentour (# 508) und Fernwanderweg E 5 (# 510).

♦ **119** **Von Piffing** (1900 m) – **Bergstation des Falzeben-Sessellifts** (# 112) **und der Ifinger-Seilbahn** (# 110).
Aufstieg 400 m, Mark. 3, 1.30 Std. Empfehlenswerter als auf der Pistenstraße (# 115) über die Kirchsteiger Alm.
Von der Gondelliftstation auf der Straße zur Wegkreuzung beim Piffinger Sattel (Hinweise). Weiter nordostwärts ansteigend auf der Skipistenstraße bis zur Abzweigung oberhalb der Jausenstation Weidmannalm (2040 m, 0.30 Std., Hinweise). Rechts, noch auf breiter Straße, zwischen Zäunen durch wildbachverbaute Hänge, dann auf gutem Steig, nach einem Murbruchgraben durch Weidehänge, zum Missensteiner Joch (2128 m, 0.30 Std., # 259, Kreuzung der Steige, Hinweise). Auf Fußweg am Kamm des Kesselberges nach Osten ansteigend zur Hütte (0.30 Std.).

♦ **120** **Von Sarnthein/Obermarcher** (1638 m)
Aufstieg 720 m, Abstieg 60 m, Mark. 10A–10–13, 2.20 Std.
Anfahrt von der Sarntheiner Nordeinfahrt (961 m, # 22) zur Jausenstation Obermarcher, siehe # 117.
Westwärts die erste steile Strecke des Fahrweges kurz ansteigend bis zur Abzweigung Mark. 10A nach einem Graben oberhalb des Hofes (Hinweis). Rechts auf steinigem Almweg steil in Kehren zum Weidegelände und über die Öttenbacher Almwiesen, teils steil, zur Sambachscharte (2100 m, Gatter). Weiter auf Fahrweg nordwestwärts ansteigend und mit Mark. 10 (von Astfeld herauf) im Kammbereich zur Mittagerhütte (2260 m, 1.50 Std., # 122). Auf Fußweg nordwärts zum Sattel zwischen Kleinem Mittager und Windspitze und rechts am Kamm zur Wegkreuzung (2320 m, Hinweise, Rastbank). Links am steilen nordwestseitigen Geröllhang auf gutem Steig, Mark. 13, leicht abwärts zum Grassattel der Kesselbergscharte (2264 m) querend und auf Fahrweg ansteigend zur Hütte (0.30 Std.).

♦ **121** **Von Aberstückl/Unterwindlahner** (1525 m)
Aufstieg 790 m, Mark. 13, 2.20 Std.
Anfahrt von der Talstraße nach Aberstückl (1325 m, # 24) und auf der Höfestraße in mehreren Kehren an steilen Wiesenhängen bis zur Abzweigung

der Fahrspur zum Unterwindlahner (1525 m, Gatter, Rechtskehre mit Parkmöglichkeit, kein Hinweis, aber an der ebenen Kehre erkennbar). Auf der einfachen Zufahrt leicht abwärts und am Steilhang nach Süden (mehrere Gatter, auch Markierung) zum etwas verfallenen, steil gelegenen Unterwindlahnerhof. Dort (Markierung an der Hauskante) auf Fußweg zwischen Zäunen zur Querung der großen Erosionszone im folgenden, steil abfallenden Graben; weiter taleinwärts zum Sagbach, und nach dem Anteran-Bachgraben zur Durralm (1568 m, Bachverbauung, Abzweigung des Steiges Mark. 7 zum Hirzer, # 373). Weiter mit Mark. 13 westlich des Baches taleinwärts zur Kaserhütte (1810 m, 1.00 Std.). Nun im steilen Talschluß in Kehren am Schatthang ansteigend, zuletzt nur auf Steigspuren am Weidehang zum Missensteiner Joch (2128 m, 0.50 Std., Hinweise). Weiter links über den breiten Kammrücken auf gutem Fußweg zur Hütte (0.30 Std.).

♦ 122 MITTAGERHÜTTE
(2260 m, privat)

Restaurant-Jausenstation an der Mittager-Sessellift-Bergstation (Wintersportanlage) am Südosthang nahe an der Gipfelkuppe des Kleinen Mittagers. Ausflugsziel in Panoramalage.
Geöffnet 15.05.–10.11. Wintersaison (keine Übernachtung).
Stützpunkt für Kesselberghütte (# 118), Kleinen Mittager (# 356) und Großen Mittager (# 358).

♦ 123 Von Sarnthein/Obermarcher (1638 m)
Aufstieg 620 m, Mark. 10A–10, 1.50 Std.

Anfahrt von der Sarntheiner Nordeinfahrt (961 m, # 22) zur Jausenstation Obermarcher siehe # 117.
Weiter auf dem Anstieg zur Kesselberghütte (# 120).

♦ 124 Von Piffing (1900 m)**, Bergstation des Falzeben-Sessellifts** (# 112) **und der Ifinger-Seilbahn** (# 110).
Aufstieg 420 m, Abstieg 60 m, Mark. 13, 1.50 Std.

Auf Route # 115 zur Meraner Hütte (1960 m, 1.00 Std.). Von den Hinweisen südlich der Hütte auf gutem Steig mit Mark. 13 am steilen Westhang des Kleinen Mittagers zur Abzweigung des Mittager-Höhenweges zur Kesselberghütte (2080 m, Hinweise). Weiter mit Mark. 13 am südseitigen Grashang ostwärts ansteigend auf gutem, teils steilem Steig zur Hütte (0.50 Std.).

Die Jausenstation Obermarcher am Öttenbacher Sonnenhang nordwestlich von Sarnthein. Im Hintergrund Rittene und die Rosengarten.

♦ 125 SCHUTZHAUS KUHLEITEN
(2360 m, privat)

Restaurant-Jausenstation an der Kuhleiten-Sessellift-Bergstation (Wintersportanlage Meran 2000) auf dem steilen, begrasten Kammhügel südlich, oberhalb der Oswaldscharte.
Ausflugsziel in Panoramalage.
Bewirtschaftung: Fam. Frei, Tel. 0473/99 364.
Geöffnet: 15.05.–31.10. Wintersaison (keine Übernachtung).
Stützpunkt für Oswaldscharte (# 264), Ifinger (# 360), Verdinser Plattenspitze (# 362).

♦ 126 Von Piffing (1900 m)**, Bergstation des Falzeben-Sessellifts** (# 112) **und der Ifinger-Seilbahn** (# 110).
Aufstieg 460 m, Mark. 3–19, 1.30 Std. (Straße bis zur Hütte).
Auf Route # 119 von der Gondellift-Station auf der Pistenstraße bis zur Verzweigung oberhalb der Jausenstation Weidmannalm (2040 m, 0.30 Std., Hinweise). Weiterhin auf der nun steilen Straße nordwärts ansteigend, am Hügel mit dem St.-Oswald-Kirchlein rechts vorbei und westwärts, teils in steilen Kehren, zur Oswaldscharte (2323 m, 0.50 Std., # 264). Kurz weiter auf der Straße am Kamm südwärts und hinauf zur Hütte (0.10 Std.).

♦ 127 Von der Taser-Seilbahn-Bergstation (1445 m, # 136)
Aufstieg 920 m, Mark. 40–19, 3.20 Std.
Auf Route # 141 zur Streitweider Alm (1553 m, 1.00 Std.). Weiter auf Steig Mark. 19 (Hinweise) rechts zum Wildbachgraben und in Kehren am Nordhang durch Buschwerk, dann links im Hochwald ansteigend; nach einer Rastbank (1750 m, kleiner Grasboden) durch bewaldetes Felsblockgelände zum großen Wildbachgraben im Talgrund (1870 m, 1.00 Std., Hinweis).
Nun rechts weiter, eine Seitenrinne querend, zur Waldgrenze und über eine Steilstufe durch Alpenrosengebüsch und Blockwerk zu einem Grasboden im Kar unter den Ifingerwänden (2140 m, 0.45 Std.). Auf teils schotterigem Steig in steilen Kehren am westseitigen Geröll- und Grashang zum weiten Sattel der Oswaldscharte (2323 m) und kurz rechts auf der Straße ansteigend zur Hütte (0.35 Std.).

♦ 128–135 frei.

♦ 136 TASER-SEILBAHN

Kleinseilbahn, führt von Schenna/Pichler nach Schennaberg/Taser, Wandergebiet Schennaberg–Ifinger.
Talstation (827 m) beim Gasthof Pichler; Zufahrt 2 km von Schenna auf der Pichlerstraße (auf Hinweise achten); kleiner Parkplatz.
Bergstation (1445 m) in Schennaberg, Gasthof und Gästehaus Taser.
Betrieb ganzjährig: Fahrten 8.00–18.00 jede Stunde und bei Bedarf durchgehend. Tel. 0473/95 615.
Auffahrt bis zum Berggasthof Schnugger auf der Schennabergstraße (5 km ab Talstation, privater Parkplatz auf der Wiese, 1350 m). Weiter auf der Privatstraße zum Taser, Seilbahn-Bergstation (0.20 Std.).
Ausgangspunkt für Ifingerhütte (# 138), Streitweider Alm (# 140), Oswaldscharte (# 264) und Schutzhaus Kuhleiten (# 125).

♦ 137 **Zur Talstation** (827 m)
Abstieg 620 m, Mark. 18A–20, 1.10 Std.
Auf Fußweg und teils auf Wirtschaftswegen (Hinweise an allen Abzweigungen) mit Mark. 18A durch Wiesen und Wald absteigend zum Schnugger-Bachgraben (1030 m, Säge); dort mit Mark. 20 rechts, in nordwestlicher Richtung, zur Talstation.

♦ 138 IFINGERHÜTTE
(Rifugio Picco Ivigna, 1815 m, CAI)

Im Hochwald von Schennaberg auf der Leiteralm unterhalb der Ifinger-Westflanke.
Hüttenwirt: Josef Mittelberger, I-39012 Meran (BZ), Obermais, Katzensteinstraße 5, Tel. 0473/36 404.
Geöffnet: 01.05.–31.10. 14 Schlafplätze.
Stützpunkt für Ifingerscharte (# 267) und Ifinger-Klettertouren; weitere siehe unter # 110 (Ifinger-Seilbahn).

♦ 139 **Von der Taser-Seilbahn-Bergstation** (1445 m, # 136)
Aufstieg 370 m, Mark. 18A, 1.00 Std.
Auf Fahrweg (Hinweise) mit Mark. 18A südwärts durch die Wiese ansteigend zum Wald; nach dem Bergrücken am Sonnenhang am oberen Zaun einer Wiese entlang (Rastbänke) zur Hütten-Materialseilbahn (1625 m, 0.30 Std.). Im Bereich des Schnugger-Bachgrabens auf etwas

steinigem Fußweg teils steil ansteigend, nach einer Lichtung im Hochwald durch Granitblockgelände, zur Hütte (0.30 Std.).

♦ 140 STREITWEIDER ALM
(1553 m, privat)

Berggasthof und Almbetrieb im Hochwald des Sägbachtales zwischen Plattenspitzen und Ifingergruppe, unterhalb der Oswaldscharte.
Bewirtschaftung: Fam. Pföstl, Schennaberg.
Geöffnet: 01.05.– 30.10. Keine Übernachtung.
Stützpunkt für Oswaldscharte (# 264), Schutzhaus Kuhleiten (# 125), Ifinger (# 360) und Verdinser Plattenspitze (# 362).

♦ **141 Von der Taser-Seilbahn-Bergstation** (1445 m, # 136)
Aufstieg 110 m, Mark. 40, 1.00 Std.
Von der Bergstation auf breitem Fußweg nach Norden (Hinweise), in bequemer Waldwanderung um den Bergrücken herum und leicht an- und absteigend (Rastbänke) zum steilen Nordhang. Auf gutem Fußweg durch sehr steiles Fels- und Waldgelände nach Osten querend (Schutzgeländer) und im Sägbachtal kurz ansteigend zur Alm.

♦ **142–145 frei.**

♦ 146 VERDINSER SEILBAHN

Führt von Verdins (# 16) oberhalb Schenna nach Oberkirn (# 17). Wander- und Wintersportgebiet Hirzer-Westhang.
Talstation (852 m) nördlich von Verdins; Zufahrt ab Ortsmitte, Parkplatz, Linienbusdienst bis Verdins.
Bergstation (1458 m) im Bergweiler Oberkirn; Gasthöfe, Talstation des Grube-Sessellifts (# 148).
Betrieb ganzjährig: Fahrten 8.00–18.00 jede Stunde und bei Bedarf durchgehend. Tel. 0473/59450.
Fortsetzung mit dem Sessellift zum Gasthof Grube (# 148).
Auffahrt von der Brücke nach Saltaus (# 18) auf der Höfestraße 10 km über Schweinsteg und Prenn zum Parkplatz beim Fahrverbot kurz vor Oberkirn; von hier einige hundert Meter auf der Straße weiter zu den Stationen.

Der Meraner Abhang des Hirzers (# 373), rechts die Hönigspitze (# 370), in Bildmitte die Alplerspitze (# 378). Links im Vordergrund Klammeben mit der Bergstation der Hirzer-Seilbahn (# 150).

♦ 147 **Zur Talstation** (852 m)

Abstieg 610 m, Mark. 4, 1.00 Std.

Kurz auf der Straße nach Prenn und mit Mark. 4 links abzweigend (Hinweise) auf Wald- und Wirtschaftswegen nach Unterkirn, am Pixner vorbei und steil absteigend zur Masulschlucht (902 m). Nun links am steilen Schatthang auf der Straße zur Talstation.
Ausgangspunkt für: siehe Hirzer-Seilbahn (# 150).

♦ 148 GRUBE-SESSELLIFT

Führt von der Verdinser-Seilbahn-Bergstation zum Berggasthof Grube. Wander- und Wintersportgebiet Hirzer-Westhang.
Talstation (1460 m) im Weiler Oberkirn, Bergstation der Verdinser Seilbahn (# 146).
Bergstation (1808 m) beim Berggasthof Grube, ganzjährig geöffnet, Tel. 0473/59404.
Betriebszeiten: 01.04.–31.10. (zur Zeit kein Winterbetrieb).
Tagesbetrieb: 9.00–12.00/13.00–17.00. Tel. 0473/59 421.
Ausgangspunkt siehe Hirzer-Seilbahn (# 150).

♦ 149 Zur Talstation (1460 m)
Abstieg 350 m, Mark. 3, 0.40 Std.
Vom Sattel beim Gasthof Grube (Hinweise) auf gutem Steig südwärts absteigend zu einem Bachgraben und am Schatthang abwärts zu einer Verzweigung (1650 m, rechts zur Hirzer-Seilbahn-Mittelstation). Links im Wald weiter absteigend zu den Höfen von Oberkirn und zur Lift-Talstation. Fortsetzung des Abstieges mit # 147 zur Verdinser-Seilbahn-Talstation; 1.00 Std.

♦ 150 HIRZER-SEILBAHN

Führt von Saltaus (# 18) im Passeiertal zum Bergweiler Prenn und zur Waldgrenze nach Klammeben. Wander- und Wintersportgebiet Hirzer-Westhang.
Talstation (490 m) in Saltaus beim Schildhof an der Passeirer Talstraße; großer Parkplatz, Linienbushaltestelle.
Mittelstation (1404 m) in Prenn, mehrere Berggasthöfe.
Bergstation (1980 m) auf der Hirzer-Hochfläche beim Berggasthof Klammeben; 32 Schlafplätze, Tel. 0473/59 422.
Betriebszeiten: 15.03.–12.11. (zur Zeit kein Winterbetrieb).
Tagesbetrieb: 8.30–12.00/13.00–17.30. Tel. 0473/59 497.
Auffahrt von Saltaus wie bei # 146 auf der Höfestraße; 9 km bis zur Mittelstation Prenn, kleiner Parkplatz beim Feuerwehrhaus.
Ausgangspunkt für Hirzerhütte (# 152), Hirzerscharte (# 275), Hirzer (# 373), Hönigspitze (# 370), Grünangerjoch (# 278), Pfandlspitze (# 376), Alplerspitze (# 378) und Europäischen Fernwanderweg E 5 (# 510).

♦ **151 Zur Mittelstation** (1404 m)
Abstieg 580 m, Mark. 6–3, 1.00 Std.
Die Bergstation nordseitig umgehend (Hinweise beim Gatter) auf gutem Steig mit Mark. 6 im Hochwald leicht absteigend nach Südwesten zum Berggasthof Grube (Sessellift-Bergstation).
Weiter wie bei # 149, Mark. 3, bis zur Steigverzweigung (1650 m, gelbes Hinweisschild zur Mittelstation irreführend). Auf dem Steig rechts, nach Norden, zum Bachgraben, am Sonnenhang zu den Waalerhöfen (Kreuzung der Sessellifttrasse) und auf steilem Wirtschaftsweg zum Parkplatz beim Feuerwehrhaus von Prenn.

♦ 152 HIRZERHÜTTE BERGGASTHOF TALLNERALM
(1983 m, privat)

Die ursprüngliche kleine Hirzerhütte, an der Waldgrenze in einer Mulde am Hirzer-Westhang gelegen, ist ein Mauerbau (für Selbstversorger eingerichtet, Schlüssel im Berggasthof).
Der Berggasthof Tallneralm ist an die Ostseite der Hirzerhütte angebaut.
Bewirtschaftung: Karl Kofler, I-39017 Schenna, Saltaus 12, Tel. 0473/64 54 25 (Gasthof Alpenhof).
Geöffnet: 01.06.–31.10. 35 Schlafplätze.
Ausgangspunkt für: siehe Hirzer-Seilbahn (# 150).

♦ **153 Von Klammeben** (1980 m), **Hirzer-Seilbahn-Bergstation, Berggasthof Klammeben** (# 150).
Leicht an- und absteigend, markiert, 0.15 Std.
Von der Wiese oberhalb der Seilbahnstation (Hinweise, Gatter) auf Weg nordostwärts, am steilen Nordhang auf breitem Weg mit Felsstufen abwärts, dann die flache Almmulde ausgehend zur Hütte (Blickverbindung).

♦ **154 Von der Grube-Sessellift-Bergstation** (1808 m, # 148)
Aufstieg 190 m, Mark. 6, 0.40 Std.
Vom Sattel beim Gashof Grube (Hinweise) ostwärts, entlang der Waldschneise (Liftanlage) auf der Straße, bis diese im Wald nach Norden führt. Rechts abzweigend auf gutem Fußweg in nordöstlicher Richtung in mäßig steilem Anstieg nach Klammeben zur Hirzer-Seilbahn-Bergstation (1980 m, # 150). Weiter wie bei # 153 zur Hütte.

♦ **155–159 frei.**

Penser Kamm

♦ 160 STERZINGER JAUFENHAUS
(Rifugio Passo Giovo, 1990 m, privat)

Berggasthof an der Sterzinger Seite der Jaufenpaßstraße im Almbereich nordseitig unterhalb der Paßhöhe (# 290). Wander- und Wintersportgebiet.
Bewirtschaftung: Fam. Rainer, I-39040 Ratschings (BZ), Jaufen 31. Tel. 0472/66622.

Ausblick vom Anstieg zum Hirzer (# 374). Im Bild der Berggasthof Tallneralm (# 152) mit der Hirzerhütte, im Hintergrund die Texelgruppe.

Geöffnet: ganzjährig; 58 Schlafplätze.
Stützpunkt für Jaufenspitze (# 390) und Hochplattspitze (# 392).
Zufahrt auf der Jaufenpaßstraße 17 km ab Sterzing (948 m, # 29), 21 km ab St. Leonhard in Passeier (689 m, # 20).

♦ **161–165 frei.**

♦ **166 BERGGASTHOF ALPENROSENHOF**
(2214 m, privat)

Gasthof-Schutzhaus auf dem Penser Joch (# 295).
Bewirtschaftung: Fam. Johann Leitner, Tel. 0472/67170.
Geöffnet: 15.05.–30.10. 20 Schlafplätze.
Ausgangspunkt für Penser Weißhorn (# 400), Zinseler (# 402), Tatschspitze (# 416), Tagewaldhorn (# 418), Flaggerschartenhütte (# 171); Stützpunkt für Sarntaler Höhenweg (# 500) und Große Hufeisentour (# 508).
Zufahrt auf der Penser-Joch-Straße 17 km von Sterzing (948 m, # 29), 10 km von Pens (1450 m, # 26).

♦ **167–170 frei.**

Östliche Sarntaler Alpen

Flagger- und Schalderer Berge

♦ **171 FLAGGERSCHARTENHÜTTE**
(Rifugio Forcella Vallaga, 2481 m, CAI)

Im Flagger-Talschluß am gleichnamigen See, etwas nördlich der Flaggerscharte. Bergkessel zwischen Tagewaldhorn und Jakobspitze.
Bewirtschaftung: Fam. Coccia, I-39041 Franzensfeste (BZ), Tel. 0472/48861.
Geöffnet: 15.06.–15.09. 40 Schlafplätze.
Stützpunkt für Flaggerscharte (# 315), Jakobspitze (# 421), Tagewaldhorn (# 418), Sarntaler Höhenweg (# 500) und Große Hufeisentour (# 508).

♦ **172 Vom Durnholzer Parkplatz** (1510 m, # 28)
Aufstieg 970 m, Mark. 16, 3.00 Std.

Vom Parkplatz (Gebühr ab Parktafel – nicht alle parken hier) auf der breiten Talstraße zu Fuß zum Fischerwirt am Nordende des Sees. An der Straßenverzweigung (Hinweise) links und auf der weiterhin asphaltierten Seeberg-Forststraße (und Höfestraße) in das Seebbachtal bis zur Rechtskehre (Hinweise, erst hier gesetzliches Fahrverbot). Nun mit Mark. 16 geradeaus auf Wirtschaftsweg im Seebbachtal zur Seebalm (1802 m, 1.00 Std.). Nun auf gutem Steig am Sonnenhang über Weideböden taleinwärts zum Talschluß. Dort ostwärts, über bewachsene Moränenhänge und durch Felsblockgelände in Kehren zur Flaggerscharte (2436 m). Nach Überschreitung der Scharte links ansteigend zum nahen Schutzhaus (2.00 Std.).

♦ **173 Von der Penser Alm** (2158 m)
Aufstieg 700 m, Abstieg 380 m, Mark. 14A–rot-weiß–13/15, 3.30 Std. Kondition, Bergerfahrung und Orientierungssinn erforderlich.

Anfahrt zur Alm am Südabhang, 1 km unter dem Penser Joch (# 295), Parkplatz an der Straße.
Mit Mark. 14A (Hinweise) ostwärts, dann rechts, südseitig, auf gutem Steig den Astenberg umrundend, durch steile Grashänge zum Niedeck. Dort an der Nordseite den Felshang querend zum nächsten Sattel (2250 m).
Nun rechts abzweigend (Hinweis, Mark. 14A führt am Kamm weiter) am Grashang in die Mulde hinab bis zum Hochwald (2080 m, rauhe Felslandschaft, auf die rot-weiße Markierung achten). Links wieder ansteigend führt die Steigspur einer Hangterrasse folgend unterhalb der Sulzspitze entlang. Im Talschluß etwas absteigend trifft man auf den Steig Mark. 13 von Asten herauf (2262 m, 2.00 Std., Felsblock mit Markierung).
Wieder ansteigend zum kleinen See (2302 m) unterhalb der Traminscharte (2380 m). Weiter mit Mark. 13/15 nach Süden in Kehren zur Hörtlaner Scharte (2605 m, 1.00 Std.). Südostseitig in die Geröllrinne hinab und rechts über eine Felsstufe (Drahtseil) kurz ansteigend über einen Hangbuckel zum Flaggersee und zur Hütte (0.30 Std.).

♦ **174 Von Mittewald** (801 m, # 35)
Aufstieg 1670 m, Mark. 16, 5.00 Std. Kondition erforderlich.

Anfahrt von der Kirche durch die Autobahnunterführung und südost-

wärts am Waldrand entlang zu den letzten Häusern (812 m, Fahrverbot, Parkmöglichkeit am Straßenrand).
Weiter auf Wirtschaftsweg Mark. 16 zum Eingang in das Flaggertal. Dort südwestwärts und rechts am Hang unter Granitwänden mehrere Wildbachrinnen querend (nach größerem Gewitter Vermurungen) durch die äußere, wildbachgrabenartige Schlucht. Weiter im bewaldeten, unbewohnten Tal zur Unteren Flaggeralm (1605 m, 2.20 Std., teils verfallen). Auf dem Almweg über die Felsstufe (Wasserfall) zum ebenen, sumpfigen Wiesenboden der Oberen Falggeralm (1939 m, 1.00 Std., großes Almwirtschaftsgebäude, Waldgrenze). Auf Fußweg im Talgrund nun nach Nordwesten und im Felsgelände über die Steilstufe im Talschluß in Kehren zur Hütte (1.40 Std.).

♦ 175–180 frei.

♦ 181 RADLSEEHÜTTE
(Rifugio Lago Rodella, 2257 m, AVS)

Auf dem westlichen Hausberg von Brixen am Sonnenhang über dem gleichnamigen See, unterhalb des Königsangers.
Hüttenwirt: Frowin Gietl, Tel. 0472/45230.
Adresse: I-39040 Feldthurns 114 (BZ), Tel. 0472/45441.
Geöffnet: 01.06.–31.10. Winterraum. 60 Schlafplätze.
Stützpunkt für Königsanger (# 442).

♦ 182 Von Brixen-Gereuth (1380 m)
Aufstieg 880 m, Mark. 8, 2.30 Std.
Anfahrt von Brixen über Tils zum Perlunger (Parkplatz, 1380 m). Mit Mark. 8 (Hinweise) auf Forstweg zum Bärengraben. Weiter auf Fußweg steil bis zum Kruzifix von Tannefrit (Brünnl), dann wieder auf Wirtschaftsweg, mäßig ansteigend, nach Süden zum Wiesensattel von Kompatsch (1837 m, 1.15 Std.). Mit Mark. 8/18 auf teils steilem Fahrweg zur Materialbahn-Talstation, auf gutem Steig im Zirbenhochwald zu den Weidehängen und in Kehren zur Hütte (1.15 Std.).

♦ 183 Von Feldthurns/Zoler (1230 m)
Aufstieg 1030 m, Mark. 18, 3.00 Std.
Anfahrt von Feldthurns (851 m, # 43) nach Oberschnauders zum Zoler (1230 m, Parkmöglichkeit).
Mit Mark. 18 (Hinweise) steigt man auf Fahrweg, teils etwas steil, am

Herbststimmung am Puntleider See, im Hintergrund die schroffe Sulzspitze im ersten Schnee.

großen Waldhang bis zum Kompatsch-Wiesensattel an (1837 m, 1.45 Std.). Weiter wie bei # 182 zur Hütte (1.15 Std.).

♦ 184–187 frei.

Latzfonser Berge

♦ 188 REINSWALD-SESSELLIFT

Führt von Reinswald (# 27) zum Almbereich am Pichlberg-Westhang. Wander- und Wintersportgebiet.
Talstation (1570 m) in Reinswald im oberen Ortsbereich, Parkplatz.
Bergstation (2130 m) bei der Jausenstation Pichlberg; weiter nördlich, in einer Wiesenmulde, liegt der Berggasthof Pfnatschalm (2078 m).
Betriebszeiten: 10.07.–30.09. Wintersaison.
Tagesbetrieb: 9.00–11.45/16.30–17.00, an Sonn- und Feiertagen 8.00–11.45/13.00–18.00. Tel. 0471/62 51 32.
Ausgangspunkt für Getrumjoch (# 455), Schutzhaus Latzfonser Kreuz (# 199) und Kassianspitze (# 445).

♦ 189 Zur Talstation (1570 m)
Abstieg 560 m, teils markiert, 0.50 Std.
An der Südseite der Liftstation anfangs über die Skipiste, dann rechts auf Fahrspur (Hinweis, rot-weiße Markierung), im Hochwald abwärts. Oberhalb einer Wiese zweigt man auf den markierten Steig vom Weg links ab (1800 m, Schildchen) und erreicht am Zaun entlang südwärts wieder den Pistenbereich. Weiter auf Fahrspur zum obersten Hof, dort wieder südwärts querend (Sichtverbindung) und an einem Zaun entlang zum Parkplatz beim Fahrverbot.

♦ 190–195 frei.

♦ 196 KLAUSNER HÜTTE
(Rifugio Chiusa, 1923 m, CAI)

Oberhalb von Latzfons im Bereich der Rungger Alm, an der Waldgrenze am Südabhang der Lorenzispitze.
Hüttenwirtin: Rita Winkler, Tel. 0472/55 194.
Geöffnet: 15.05.–31.10. 40 Schlafplätze.

Stützpunkt für Schutzhaus Latzfonser Kreuz (# 199), Lorenzispitze (# 440) und Königsanger (# 442).

♦ **197 Von Latzfons-Steineben** (1544 m)
Aufstieg 380 m, markiert, 1.00 Std.
Anfahrt von Latzfons (1160 m, # 46) zum Zalter; vom Bachgraben auf Wirtschaftsweg westwärts bis zum Fahrverbot im Bereich Steineben (1544 m, 4 km ab Latzfons, Parkplatz).
Über die Weidehänge (Lahnwiesen) nordwärts ansteigend, teils auf Fahrspur, an einigen Schupfen vorbei zur Klausner Hütte.

♦ **198 Von Latzfons/Kühhof** (1550 m)
Aufstieg 370 m, Mark. 17, 1.15 Std.
Anfahrt von Latzfons (1160 m, # 46) auf schmaler Asphaltstraße über Zalter zum Kühhof (1550 m, Parkmöglichkeit).
Weiter auf Wirtschaftsweg mit Mark. 17 nach Nordwesten ansteigend zur Waldgrenze und in ebener Wanderung zur Hütte.

♦ 199 SCHUTZHAUS LATZFONSER KREUZ
(Rifugio S. Croce di Lazfons, 2311 m, privat)

Auf einer Hangterrasse am Südabhang des Ritzlar, dem Vorgipfel der Kassianspitze. Wallfahrtsort mit kleiner gotischer Kirche. Siehe Abbildung auf S. 56/57.
Hüttenwirtin: Barbara Pfattner, I-39043 Klausen-Latzfons 41 (BZ), Tel. 0472/55186.
Geöffnet: 01.07.–30.09. 25 Schlafplätze.
Stützpunkt für Kassianspitze (# 445), Getrumjoch (# 455), Sarntaler Höhenweg (# 500) und Große Hufeisentour (# 508).

♦ **200 Von der Reinswald-Sessellift-Bergstation** (2130 m, # 188)
Aufstieg 290 m, Abstieg 110 m, Mark. 11–7, 1.50 Std.
Von der Pichlberg-Blockhütte (Jausenstation) auf leicht an-, dann absteigendem Fußweg am latschenbewachsenen Sonnenhang nach Osten zur Getrumalm (2100 m, 0.50 Std., hierher Anstieg von Reinswald auf Wirtschaftsweg mit Mark. 7 in 1.50 Std.).
Weiter auf Fußweg mit Mark. 7 nordostwärts zum Talschluß (2240 m, weglose Abzweigung zum Getrumjoch, # 455) und rechts, ostwärts, ansteigend über einen Hangbuckel zur Lücklscharte (2378 m, gemauerte Weidegrenze zwischen Reinswald und Latzfons). Am mäßig geneigten

Ostabhang absteigend zum Wetterkreuz am Gampmaulboden (Abzweigung links zur Kassianspitze, # 445) und zum nahen Schutzhaus (1.00 Std.).

♦ **201 Von der Klausner Hütte** (1923 m, # 196)
Aufstieg 390 m, Mark. 17, 1.15 Std.
Wie bei # 197 oder # 198 zur Klausner Hütte (1.00, bzw. 1.15 Std.). Auf Wirtschaftsweg westwärts ansteigend zur Rungger Alm auf dem Bergrücken und nordwestwärts weiter zum Plankenbachgraben (2053 m, 0.30 Std.). Nun auf breitem Fußweg am steilen Latschenhang (Kreuzwegstationen) in steinigen Kehren, am Kirchlein vorbei, zum Schutzhaus (0.45 Std.).

♦ **202 Vom Reinswalder Parkplatz** (1570 m, # 27)
Aufstieg 820 m, Abstieg 80 m, Mark. 7, 2.45 Std.
Vom oberen Parkplatz beim Fahrverbot auf dem asphaltierten Wirtschaftsweg, anfangs in Kehren, mit Mark. 7 am Hang im Lärchenwald ostwärts in das Getrum-Almtal ansteigend. In einer Kehre rechts geradeaus abzweigend (1780 m, Hinweis Mark. 7 am Boden) auf mäßig ansteigender Schotterstraße durch Bergwiesen taleinwärts zur Wegverzweigung nach der Hillwald-Almhütte (1860 m, 1.00 Std., Hinweis links auf dunkler Felsplatte).
Auf nun steilem Almweg im Hochwald durch Latschen- und Blockfelder nordostwärts ansteigend zur Getrumalm (2100 m, 0.45 Std., Almbetrieb, Einkehr, Almprodukte). Weiter auf Fußweg mit Mark. 7 wie bei # 200 zum Schutzhaus (1.00 Std.).

♦ **203 Vom Durnholzer Parkplatz** (1510 m, # 28)
Aufstieg 810 m, Mark. 5–17, 3.00 Std.
Vom Parkplatz (Gebühr ab Parktafel – nicht alle parken hier) auf der breiten Talstraße zu Fuß zum Fischerwirt am Nordende des Sees. An der Straßenverzweigung (Hinweise) rechts auf der weiterhin asphaltierten

Zur folgenden Doppelseite:
Das Schutzhaus Latzfonser Kreuz (# 199) mit der Wallfahrtskirche. Die Gipfel von links: Getrumjoch (# 455), Kassianspitze (# 445) und Ritzlar.

Moschwald-Forststraße zum Seeber. Auf dem alten Fußweg mit Mark. 5 am Sonnenhang ansteigend zum Angerer und auf der Höfestraße weiter zum Bachmann. Kurz nach dem Hof mit Mark. 5 links abzweigend (Gatter) und auf dem alten Fußweg oberhalb des Indersthofes in mäßiger Steigung über Weidehänge nach Südosten zur Wegverzweigung am Schrotthorn-Westabhang (2050 m, 1.45 Std., Mark. 4 links ansteigend zur Schalderer Scharte, # 320). Mit Mark. 5 rechts weiter zur Fortschellscharte (2299 m, 0.45 Std.).
Nach Überschreitung des Sattels auf dem Steig rechts (Mark. 17), am Ostabhang der Kassianspitze nach Süden querend, um den Bergrücken des Ritzlar herum zum Schutzhaus (0.30 Std.).

♦ **204–205 frei.**

Villanderer Berge

♦ **206** **SCHART-BIWAK**
(2380 m, Sarner Wanderverein)

Wetterschutz-Unterstand in der Einschartung südlich unterhalb des Gipfels „Sarner Scharte“ am Zusammentreffen der Anstiege vom Sarntal und vom Eisacktal. Immer offenes Blockhäuschen.
Stützpunkt für Sarner Scharte (# 459) und Große Hufeisentour (# 508).

♦ **207** **Von Riedelsberg/Riedler** (1503 m)
Aufstieg 880 m, Mark. 3, 2.40 Std.
Anfahrt auf der südlich von Sarnthein (961 m, # 22) bei den ersten Häusern ostwärts abzweigenden Höfestraße (Hinweise) 5,5 km über den Weiler Steet, dann am Waldhang, in einer Rechtskehre (Hinweis „Sarnerscharte“) links weiter, bis zu den Riedelsberger Höfen. Auf der scharf rechts abzweigenden Schotterstraße zum Riedler (1503 m, nur knappe Parkmöglichkeit beim Hof; s. Abb. S. 60).
Mit Mark. 3 links (verwitterte Hinweise beim Gatter) auf Schotterweg zwischen Zäunen ostwärts und im Hochwald ansteigend bis zum Larchrast-Bildstock (1781 m, Waldgrenze, Hinweis). Weiter auf Steig rechts durch Latschenfelder zum großen Blockhang unter den Porphyrwänden (2070 m, 1.40 Std.). In steilen Kehren zur Scharte und zum Biwak (rechts am Nordosthang, 1.00 Std.).

♦ **208** **Von Villanders/Gasserhütte** (1744 m, # 209)
Aufstieg 640 m, Mark. 7–3, 2.40 Std.
Westlich der Hütte auf der links abzweigenden Straße (auch Parkplatz) leicht abwärts zum Zargenbach. Mit Mark. 7 (alter Almweg von Villanders herauf) auf breitem Weg nach Westen ansteigend (teils Straße) zum Gasteiger Sattel (2056 m, 1.00 Std., Hinweise). Mit Mark. 3 auf Almstraße am Südhang nach Westen zur Scheibenalm; beim Kruzifix rechts abzweigend auf Fußweg nordwestwärts, in mäßiger Steigung durch Latschen- und Blockfelder zum Mauerwerk verfallener Hütten (2084 m, 0.50 Std.).
Nun weglos der Markierung folgend nach Westen zu den Grasböden unter dem Schartenaufschwung und auf Steig in Kehren zum Biwak links der Scharte (0.50 Std.).

♦ 209 GASSERHÜTTE
(1744 m, privat)

Berggasthof-Jausenstation auf der Villanderer Alm an der Waldgrenze in den Wiesen am Sonnenhang südwestlich vom Samberg. Wander- und Wintersportgebiet (Langlauf) Villanderer Alm.
Hüttenwirt: Josef Huber, I-39040 Villanders-St. Moritz 58 (BZ), Tel. 0472/53 326.
Geöffnet: 15.05.–10.11. Wintersaison (Langlauf). 8 Schlafplätze.
Zufahrt von Villanders (880 m, # 47) 7,5 km Asphaltstraße zum Samberger Hof (1495 m) und auf teils steiler Waldstraße 2,5 km zur Hütte, Parkplatz.
Ausgangspunkt für Gasteiger Sattel (# 333), Am Toten (# 330), Stöfflhütte (# 210), Gfoler Schupfe (# 213), Rittner-Horn-Haus (# 232), Schart-Biwak (# 206), Sarner Scharte (# 459) und Villanderer Berg (# 457).

♦ 210 STÖFFLHÜTTE
(2057 m, privat)

Berggasthof-Jausenstation (auch Almbetrieb) in den Freiner Wiesen auf der Villanderer Almhochfläche. Ausflugsziel in Panoramalage.
Bewirtschaftung: Fam. Lanziner, I-39043 Klausen (BZ), Frag 30, Tel. 0472/47 457.
Geöffnet: 15.06.–30.09. 15 Schlafplätze.

Riedelsberger Einzelhöfe östlich oberhalb Sarnthein, darüber die Porphyrwände der Sarner Scharte (# 459) und der Gamserspitze.

Stützpunkt für Sarntaler Höhenweg (# 500) und Große Hufeisentour (# 508).

♦ **211 Von der Gasserhütte** (1744 m, # 209)
Aufstieg 350 m, Abstieg 40 m, Hinweise, 1.30 Std. (4 km).
Auf der Almstraße westwärts ansteigend bis zur zweiten Abzweigung (Hinweise). Rechts, nordwestwärts, im Zirbenhochwald den Graben der Thinnebachschlucht abwärts querend zum unübersichtlichen Hügelge-

lände der Villanderer Almen. Weiter auf der Straße nach Norden, leicht an- und mitunter absteigend, an einigen Sennhütten vorbei zum Finkbachgraben und gegenüber zur Hütte.

♦ **212 Von Latzfons-Kasereck** (1959 m)
Aufstieg 170 m, Abstieg 70 m, nicht markiert, 1.00 Std.
Auf Route # 214 zur Wegverzweigung nahe an der Gfoler Schupfe (2120 m, 0.45 Std., # 213, Hinweise, hierher von Reinswald # 216). Weiter nach Süden auf Fahrweg durch Wiesen und Latschenfelder abwärts zur Hütte (0.15 Std.).

♦ 213 GFOLER SCHUPFE
(2120 m, privat)

Almbetrieb und Jausenstation in den Freiner Wiesen nördlich der Stöfflhütte (# 210). Ausflugsziel in Panoramalage im Wandergebiet Villanderer Alm.
Geöffnet in der Almbetriebszeit: 01.07.–15.09.
Stützpunkt für Sarntaler Höhenweg (# 500) und Große Hufeisentour (# 508).

♦ **214 Von Latzfons-Kasereck** (1959 m)
Aufstieg 170 m, nicht markiert, 0.45 Std.
Anfahrt von Latzfons 7 km auf der asphaltierten Höfestraße zum Obergruber und weiter auf Schotterstraße zum Kasereck (1959 m, Fahrverbot, kleine Parkmöglichkeit).
Man folgt weiterhin der auf kurzen Strecken steilen, sonst mäßig ansteigenden, nicht markierten breiten Almstraße. Südwestwärts Mulden und Hügel ausgehend, an einigen Sennhütten mit gepflegten Almwiesen vorbei, wird die Villanderer Almhochfläche erreicht. Die Straße führt dort zwischen Zäunen im Bogen nach Süden zur Hütte (Sichtverbindung).

♦ **215 Von Villanders/Gasserhütte** (1744 m, # 209)
Aufstieg 410 m, Abstieg 40 m, Hinweise, 1.45 Std. (4,5 km).
Wie bei # 211 zur Stöfflhütte (2057 m, 1.30 Std.). Weiter durch die Wiesen nach Norden ansteigend auf Fahrspur zur höher am Hang liegenden Gfoler Schupfe (0.15 Std.).

♦ **216 Vom Reinswalder Parkplatz** (1570 m, # 27)
Aufstieg 580 m, Mark. 7 (bis zur Abzweigung), 2.00 Std.

Auf Route # 202 bis zur Wegverzweigung nach der Hillwald-Almhütte (1860 m, 1.00 Std., Hinweis zum Latzfonser Kreuz; verwischt auf dem Stein bei der Abzweigung „Stöffl Hütte"). Nun rechts auf nicht markiertem Fahrweg zum Bachgraben (1830 m, Steg) abwärts und gegenüber am steilen Schatthang im Wald in Kehren ansteigend zur Villanderer Alm (2110 m, alte Holzsäule mit kleinem Kruzifix, „Scholer Bill" genannt). Weiter über eingezäunte Wiesen nach Osten und auf breitem Weg auf der Hochfläche leicht ansteigend zur Hütte (1.00 Std.).

♦ 217–225 frei.

Ritten

♦ 226 RITTNER SEILBAHN

Führt von Bozen-Zwölfmalgreien nach Oberbozen am Ritten (# 56).
Talstation (270 m) am Bozner Boden, Rittnerstraße, Parkplatz.
Bergstation (1220 m) in Oberbozen. Ganzjährig in Betrieb.
Fahrplan: ab 7.10/7.25 jede Stunde bis 20.20. Nach Bedarf durchgehend.
Rittnerbahn AG, Bozen, Tel. 0471/98 06 54; Oberbozen, Tel. 0471/55 121.
Anschluß an die Rittner Trambahn (# 227).
Straße ab Bozen-Rentsch 16 km über Unterinn und Wolfsgruben nach Oberbozen (# 56).
Ausgangspunkt für Unterhornhaus (# 230), Rittner-Horn-Haus (# 232), Sarntaler Höhenweg (# 500) und Wanderungen auf der Rittner Hochfläche.

♦ 227 RITTNER TRAMBAHN

Schmalspurbahn von Maria Himmelfahrt (1177 m) mit den Stationen Oberbozen (Rittner Seilbahn, # 226) – Wolfsgruben – Lichtenstern – Rappensbühl – Klobenstein (1188 m, Endstation Bahnhof-Bar, Tel. 0471/56 109). Ganzjährig in Betrieb.
Fahrplan: Pendelverker stündlich von 7.00 bis 20.30. Rittnerbahn AG, Bozen, Tel. 0471/98 06 54; Oberbozen, Tel. 0471/55 121.
Die Stationen sind Ausgangspunkte im Wandergebiet der Rittner Hochfläche.

♦ 228 PANORAMA-SESSELLIFT RITTNER HORN

Führt von Pemmern zur Schwarzseespitze im Alm- und Waldbereich südlich des Rittner Horns. Wander- und Wintersportgebiet.
Talstation (1530 m) mit Parkplatz in Pemmern bei den Gasthöfen Zum Zirm und Pemmern. Zufahrt 5 km von Klobenstein.
Bergstation (2070 m, Restaurant) Schwarzseespitze.
Betriebszeiten: 15.05.–31.10. Wintersaison.
Tagesbetrieb: 8.00–17.30. Tel. 0471/35 29 93.
Ausgangspunkt für Unterhornhaus (# 230), Rittner-Horn-Haus (# 232) und Sarntaler Höhenweg (# 500).

♦ **229 Zur Talstation** (1530 m)
Abstieg 540 m, Mark. 1, 1.15 Std.
Auf breiter Pistenstraße zum Unterhornsattel (2022 m) und in südwestlicher Richtung mit Mark. 1 zu den Weideböden „Auf der Schön" (1937 m). Von der Straße links, südwärts, abzweigend (Markierung auf Steinen, Bildstock) über weite Grashänge, dann auf steinigem Weg zum eingezäunten Zusammenfluß von zwei Bächlein (1700 m). Kurz darauf vom Fahrweg rechts abzweigend im Skipistenbereich nach Südwesten und auf steilem Waldweg zur Talstation.

♦ 230 UNTERHORNHAUS
(Rifugio Corno di Sotto, 2044 m, privat)

Berggasthof-Restaurant am Sonnenhang über dem Unterhornsattel. Wander- und Wintersportgebiet Rittner Horn.
Bewirtschaftung: Fam. Fuchsberger, Tel. 0471/56 371.
Geöffnet: 15.05.–31.10. Wintersaison. 18 Schlafplätze.
Ausgangspunkt für Rittner-Horn-Haus (# 232) und Sarntaler Höhenweg (# 500).
Zugang von der Panoramalift-Bergstation Schwarzseespitze (2070 m, # 228) auf breiter Pistenstraße (0.15 Std., Blickverbindung).

♦ **231 Von Oberbozen, Bergstation der Rittner Seilbahn** (1220 m, # 226)
Aufstieg 820 m, Mark. 6–1A–1, 4.10 Std. Sarntaler Höhenweg (# 500). Bei Benützung der Liftanlage: Aufstieg 300 m, 2.40 Std.
Von der Seilbahnstation auf der Straße nach Westen zur Wanderweg-

Flugaufnahme der Rittner Hochfläche in der Nachmittagssonne mit Blick nach Nordwesten. In Mitte des Bildes sind Klobenstein und Lengmoos zu erkennen, vorne Leitach, Siffian und die Einzelhöfe über dem Steilhang zum Eisacktal. Am Horizont die Texelgruppe und die Ötztaler Alpen, rechts Ifinger und Hirzer.

Tafel und bei der folgenden Abzweigung (mehrere Hinweise, auch zum Vereinshaus) rechts, nach Nordosten, ansteigend bis zur neuen Kirche. Mit Mark. 6 (rot-weiß) links auf Fußweg zwischen Hecken und Zäunen durch den Ortsbereich, dann auf Wirtschaftsweg in nordöstlicher Richtung durch Wald und Wiesen und anfangs leicht an-, dann absteigend zu den Häusern am Riggermoos (1320 m, Hinweise). Nach Überquerung der Straße Klobenstein – Oberinn weiter auf Waldwegen ansteigend durch den hügeligen Gunglwald zur Straße von Pemmern und zum nahen Gasthof Tann (1488 m, 2.10 Std.). Ab hier zwei Möglichkeiten:
Variante a) Auf Wirtschaftsweg Mark. 1A nach Norden, beim Hinweis links auf Fußweg abzweigend (auf Markierung zu achten), anfangs noch im Wald, dann über eine Weidefläche zur Saltner Hütte (1701 m, weißes Haus, Hinweise). Nun auf Fahrweg Mark. 1 im Bereich der Skipistentrasse nach Nordwesten, nach einem Bachgraben auf steinigem Weg, dann über die Pistenwiesen hinauf (Liftunterquerung) zum großen Bildstock „Auf der Schön" (1920 m, flacher Sattel auf weitem Weideboden, Hinweise). Weiter auf der Straße westseitig um den bewaldeten Schwarzseehügel herum zum Unterhornhaus (2.00 Std).
Variante b) Vom Gasthof Tann einen Kilometer auf der Asphaltstraße bis Pemmern (1530 m, 0.20 Std.), Auffahrt mit dem Panorama-Sessellift (# 228) zum Restaurant Schwarzsee (2070 m) und auf der Straße leicht ab- und ansteigend zum Umterhornhaus (0.20 Std., Sichtverbindung).

♦ 232 RITTNER-HORN-HAUS
(Rifugio Corno Renon, 2261 m, CAI)

Auf der Gipfelfläche des Rittner Horns (# 462).
Hüttenwirt: Johanna Unterkofler, Tel. 0471/56 207.
Adresse: I-39054 Klobenstein (BZ).
Geöffnet: 15.06.–31.10. 24 Schlafplätze.
Stützpunkt für Rittner Horn (# 462), Gasteiger Sattel (# 333), Sarntaler Höhenweg (# 500), Große Hufeisentour (# 508) und Sarner Scharte (# 459).

♦ 233 Von der Panoramalift-Bergstation (2070 m, # 228)
Abstieg 40 m, Aufstieg 230 m; Mark. 1, 1.00 Std. Sarntaler Höhenweg (# 500).

Auf der Pistenstraße zum Unterhornsattel (2022 m) und am Südhang ansteigend zum Unterhornhaus, weiter auf Erosionsweg rechts der Liftanlage zum Rittner-Horn-Haus (Blickverbindung).

♦ **234 Von Villanders/Gasserhütte** (1744 m, # 209)
Aufstieg 520 m, Mark. 7, 2.00 Std.

Auf Route # 208 (Schart-Biwak) zum Gasteiger Sattel (2056 m, 1.00 Std.). Südwärts auf der Straße und links abzweigend auf Fußweg (Mark. 7/3/1) am Nordwesthang zur Kammhöhe des Sattelberges (2137 m). Auf breitem Weg durch eine Senke und wieder links, am Nordhang ansteigend, an einer Antennenanlage vorbei zum Schutzhaus (1.00 Std.).

♦ **235 Von Sarnthein-Windlahn** (1208 m)
Aufstieg 1050 m, Mark. 2, 3.00 Std.

Anfahrt von Bundschen (901 m) – Abzweigung bei der Brücke über den Räthenbach (Schild, Kilometerstein 16) – 4 km auf der schmalen Höfestraße (Ausweichstellen) am steilen Berghang zum einsamen, steil gelegenen Bergweiler Windlahn. Dort nach zwei Bachgräben zum Heislerhof (1257 m, nur kleiner Parkplatz), auch weiter auf steiler Betonspur abwärts bis zum Tanzbachgraben (1208 m, etwas besserer Parkplatz am Holzlagerplatz vor der Brücke).

Nun zu Fuß über die Brücke und auf dem Zufahrtsweg durch einen weiteren Graben zum Nördererhof. Der alte Fußweg Mark. 2 (Hinweis) führt links im Wald steil ansteigend nach Überquerung der Forststraße zum Egger an der Bergkante (1464 m); bequemer hierher auf dem vom Nörderer (Schranke beim Hof) weiterführenden Fahrweg. Weiter auf Wirtschaftsweg zum Weiler Gißmann und links auf Asphaltstraße zum Gasthof Roaner (1610 m, 1.00 Std., Jausenstation).

Westlich vom Haus durch ein Gatter und rechts, mit Mark. 2 im Lärchenwald ansteigend zum steinigen Waldweg. Der rauhe Weg führt, an einem Stacheldrahtzaun rechtswendend, steil nach Osten zum Gißmannsattel (1860 m, 0.40 Std., Wetterkreuz, Hütte). Der Steig verliert sich ostwärts am Latschenhang. Nun, auf die Markierung achtend, von einem feuchten Sattel auf Steigspuren über Weidehänge nordostwärts zu einer schönen Almhütte (2100 m). Dann teils auf Fahrweg, teils über die Grashänge abkürzend (Wasserfassung), an der verfallenen Oberhornalm vorbei, ostwärts zum Schutzhaus (Sichtverbindung, 1.20 Std.).

♦ **236–249 frei.**

Übergänge

Westliche Sarntaler Alpen

Tschögglberg

♦ 250 AUENER JOCH
(Giogo dei Prati, 1924 m)

Flacher Almsattel zwischen Kreuzjoch (# 353) im Norden und Hoher Reisch (# 350) im Süden (Bildstock). Übergang zwischen Sarnthein und Hafling. Wird vom Sarntaler Höhenweg (# 500) und vom Fernwanderweg E 5 (# 510) durchquert.

♦ 251 Von Sarnthein-Auen (1618 m)
Aufstieg 310 m, Mark. 2, 0.50 Std. Abstiegsweg von der Großen Hufeisentour (# 508).
Anfahrt von Sarnthein-Ortsmitte 8 km auf der asphaltierten Auener Höfestraße über den sonnigen Berghang in Kehren zum Parkplatz beim Fahrverbot (1618 m, Gasthof Auener Hof und Jausenstation Sarner Skihütte, Ausflugsziel).
Auf dem Almweg weiter zum Bachgraben, dort links ansteigend und mit Mark. 2 am Bach entlang zur nahen Auener Alm (1798 m, Einkehr). Weiter auf mäßig ansteigendem Fußweg, im Almgelände südwestwärts durch Alpenrosenbüsche und über Weidegelände zum Joch.

♦ 252 Von Sarnthein/Putzerhöfe (1450 m)
Aufstieg 550 m, Abstieg 80 m, Mark. P, 1.50 Std.
Anfahrt und Aufstieg zur Hohen Reisch (2003 m, 1.40 Std.) siehe # 351. Absteigend, weiterhin auf Steig Mark. P, am flachen, nordostseitigen Latschenhang in nordwestlicher Richtung zum nahen Joch (0.10 Std., Sichtverbindung).

♦ 253 Von Hafling (1300 m)
Aufstieg 620 m, Mark. 2, 2.10 Std.
Vom Parkplatz am Südausgang des Haflinger Tunnels (1300 m) auf der gegenüber links abzweigenden Höfestraße bis zum Gasthof Brunner

Der Meraner Talkessel am Eingang zum Passeiertal mit Schenna, Verdins und der Hochfläche von Hafling. Am Horizont von links: Sella-, Langkofel-, Marmolada-, Schlern- und Rosengartengruppe.

(Hinweise, Fahrverbot, Parkplatz nur für Hausgäste). Auf dem Forstweg zwischen Gasthof und Wirtschaftsgebäude ansteigend, mit Mark. 2A, anfangs in Kehren – oder auf dem alten Almweg Mark. 2 einigemal die Straße überkreuzend – steigt man über den bewaldeten Bergrücken nach Osten zur Wurzalm an (1707 m, 1.20 Std., Jausenstation). Weiter mit Mark. 2, erst mäßig, dann steiler ansteigend, am Waldhang zur Vöraner Alm (1873 m, Jausenstation). Auf gutem Steig ostwärts, den freien Bergrücken des Vöraner Jochs (Aussichtspunkt) überschreitend, mit Mark. 2 durch Wald und feuchte Wiesen zum Auener Joch (0.50 Std.).
Aufstieg auch von Vöran (# 13), ab Parkplatz beim Fahrverbot oberhalb Gasthof Grüner Baum (1330 m, Hinweise) über die Leadneralm-Jausenstation, auf Forstweg Mark. 11, in selber Wegzeit.

♦ 254 KREUZJÖCHL
(Passo della Croce, 1984 m)

Flacher Weideboden, Einsenkung im Trennkamm zwischen Hafling und Sarnthein. Grenze zwischen Tschögglberg und Ifingergruppe/Meran 2000. Übergang von Hafling-Falzeben nach Öttenbach (Jausenstation Obermarcher). Wird vom Sarntaler Höhenweg (# 500), von der Großen Hufeisentour (# 508) und vom Fernwanderweg E 5 (# 510) durchquert.

♦ 255 **Von Hafling-Falzeben** (1625 m)
Aufstieg 415 m, Abstieg 55 m, Mark. 51–15, 1.30 Std.

Anfahrt nach Falzeben siehe # 112. Vom Parkplatz (1625 m) unterhalb der Liftstation (Hinweise zu den Almhütten, Gatter) auf der Forststraße, teils leicht absteigend, nordostwärts zum Sinich-Bachgraben (1570 m, Brücke). Nach einer Kehre steil rechts, durch Wald- und Felsblockgelände zur Bergkante (Straße von rechts herauf) und kurz am Sonnenhang zur Moschwaldalm (1750 m, Jausenstation). Auf ebener Straße zur Maiser Alm (1783 m, ebenso Jausenstation). Nach dem Bachgraben mit Mark. 15 im Hochwald ostwärts ansteigend auf Erosionssteigen zum Weidegelände und zum flachen Kreuzjöchlboden (Zaun mit Gatter, verfallene Hinweise).

♦ 256 **Von Sarnthein/Obermarcher** (1638 m)
Aufstieg 350 m, Mark. 15, 1.00 Std.

Anfahrt von der Sarntheiner Nordeinfahrt (961 m, # 22) zur Jausenstation Obermarcher, siehe # 117.
Auf anfangs steilem Fahrweg nach Westen ansteigend durch Wald- und

Weidehänge zur Verzweigung (Hinweise, Mark. 3 führt zur Meraner Hütte). Mit Mark. 15 weiter zum Bachgraben und am Bach entlang, dann links, auf Steig nach Westen über Weidehänge zum Jöchl ansteigend.

Ifinger – Hirzer

♦ 257 UNTERE SCHARTE
(Schartboden, 1964 m)

Markanter Einschnitt zwischen Kleinem Mittager und Spieler. Südliche Begrenzung des Wintersportgebietes Meran 2000 – Kirchsteiger Alm. Wegkreuzung mit Hinweisen, wird vom Sarntaler Höhenweg (# 500), von der Großen Hufeisentour (# 508) und vom Fernwanderwg E 5 (# 510) überschritten. Übergänge siehe # 117 und # 354.

♦ 258 KESSELBERGSCHARTE
(2264 m)

Einsattelung im teils felsigen Gelände zwischen Großem Mittager im Süden und Kesselwandjoch (Kesselberghütte) im Norden. Wird beim Anstieg zum Großen Mittager (# 359) durchquert.

♦ 259 MISSENSTEINER JOCH
(Giogo di Pietramala, 2128 m)

Ausgeprägte Einsattelung zwischen Plattenspitzen-Ostabhang und Kesselwandjoch. Wegkreuzung mit Hinweisen. Wird beim Anstieg (# 119) zur Kesselberghütte und vom Sarntaler Höhenweg (# 500), von der Großen Hufeisentour (# 508) sowie vom Fernwanderweg E 5 (# 510) durchquert.

♦ 260 Von Piffing (1900 m)**, Bergstation des Falzeben-Sessellifts** (# 112) **und der Ifinger-Seilbahn** (# 110).
Aufstieg 230 m, Mark. 3, 1.00 Std.
Siehe # 119 (Anstieg zur Kesselberghütte).

♦ 261 Von Aberstückl/Unterwindlahner (1525 m)
Aufstieg 610 m, Mark. 13, 1.50 Std.
Siehe # 121 (Anfahrt und Anstieg zur Kesselberghütte).

Die schroffe Hirzer- und Ifinger-Plattenspitz-Gruppe, rechts die runden Formen des Kleinen (# 356) und Großen Mittagers (# 358). Im Vordergrund die Haflinger Hochfläche und der Etschtaler Steilhang. Am Horizont der Zillertaler Hauptkamm.

♦ **262 Von der Hirzerscharte** (2678 m, # 275)
Abstieg 550 m, Mark. 4, 2.10 Std. Trittsicherheit erforderlich. Abschnitt des Fernwanderweges E 5 (# 510). Anstiege zur Hirzerscharte siehe # 276 von Klammeben (2.15 Std.) und # 277 von Aberstückl (3.20 Std.).

Von der Scharte (Hinweise, Gebirgsjägersetig, E 5) am steilen, felsigen Osthang auf gut ausgetretenem Steig etwas absteigend nach Norden zum

Sarntaler Hirzeranstieg (2665 m, Hinweise, links in Kehren ansteigend zum Hirzer, # 373).
Rechts in Kehren über steile Geröllhänge in längerem Abstieg südostwärts zu den mäßiger steilen Grashängen der Anteranalm und zur Abzweigung des Steiges Mark. 7 nach Aberstückl, im Blockfeld etwas oberhalb der Anteranlacken (2100 m, 1.00 Std.).
Nun Geröll- und Grashänge querend auf meist ebenem Steig mit Mark. 4 nach Süden, um einen felsigen Kammrücken herum zum wildromantischen Kratzberger See (2119 m, 0.45 Std.). Einen weiteren Kammvorsprung ausgehend (Erosionshang) durch den Sagbach-Talschluß zum Missensteiner Joch (0.25 Std., Hinweise).
Der Steig führt mit Mark. 3 links hinauf zur Kesselberghütte (# 118), rechts nach Piffing hinab (# 110).

♦ **263 Zur Meraner Hütte** (1960 m, # 114)
Abstieg 170 m, Mark. 4, 0.30 Std. Sarntaler Höhenweg (# 500), Große Hufeisentour (# 508) und Europäischer Fernwanderweg E 5 (# 510).
Über die südseitigen Weidehänge, markiert von Stein zu Stein, dann Steig, absteigend zur Grüblalm (2015 m), durch den Wildbachgraben und links am Hang auswärts zum Schutzhaus (Sichtverbindung).

♦ 264 OSWALDSCHARTE
(Kirchsteiger Scharte, Forc. S. Osvaldo, 2323 m)

Weite Einsattelung zwischen Ifinger und Plattenspitzen mit ost- und westseitig steil abfallenden Fels- und Geröllhängen. Den Ostabhang durchquert die Pistenstraße zum Schutzhaus Kuhleiten (# 125, Lift-Bergstation im Wintersportgebiet Meran 2000). Die Erosions- und Bauschutthänge sollen begrünt werden.

♦ **265 Von Piffing** (1900 m), **Bergstation des Falzeben-Sessellifts** (# 112) **und der Ifinger-Seilbahn** (# 110).
Aufstieg 420 m, Mark. 3–19, 1.20 Std.
Siehe # 126 (Anstieg zum Schutzhaus Kuhleiten).

♦ **266 Von der Taser-Seilbahn-Bergstation** (1553 m, # 136)
Aufstieg 770 m, Mark. 40–19, 3.10 Std.
Siehe # 127 (Anstieg zum Schutzhaus Kuhleiten).

♦ 267 IFINGERSCHARTE
(Ifingerschartl, Forc. Ivigna, 2117 m)

Enge Einschartung in den Granitfelsen zwischen Ifinger-Westkamm und Lauwandspitze. Kürzester Übergang zwischen Ifingerhütte und Piffing–Meran 2000.

♦ **268 Von der Ifingerhütte** (1815 m, # 138)
Aufstieg 300 m, Mark. 18, 0.50 Std.
Vom Gatter beim großen Felsblock oberhalb der Hütte (Hinweise) über Weideböden nach Osten ansteigend zum mit Lärchen bestandenen Felsblockgelände im Ifinger-Westkarkessel. Nach der an einen Felsblock angebauten kleinen Gedenkkapelle (1960 m) rechts zur Waldgrenze und am nordseitigen Blockhang in steilen Kehren zur Scharte.

♦ **269 Von Piffing** (1900 m)**, Bergstation des Falzeben-Sessellifts** (# 112) **und der Ifinger-Seilbahn** (# 110)
Abstieg 140 m, Aufstieg 360 m, Mark. 18, 1.30 Std. Trittsicherheit erforderlich. Steinschlaggefahr bei Gewitter und Neuschnee.
Von den Bergstationen auf der Straße zum Sattel hinter dem Piffinger Köpfl (Gatter, Hinweise an Lärchenstamm). Auf Steig mit Mark. 18 am dicht bewaldeten Westhang etwas abwärts nach Norden querend und unter einer roten Felswand entlang durch ein Geröllfeld zur Abzweigung von Mark. 3 (1860 m, Hinweise). Nach Überquerung des großen Wildbachgrabens durch Buschwerk und im ersten Blockfeld in Kehren ansteigend zu einem Vorsprung (1940 m, Seilhandlauf, Warntafel). Nun mehrere von Felsvorsprüngen (Kettenhandlauf) getrennte Block- und Wildbachrinnen abwechselnd im An- und Abstieg unter Granitwänden querend und an teils dicht bewaldeten, begrasten Steilhängen auf gutem Steig entlang nach Westen. Nach der großen Geröllrinne (1980 m) am felsigen Steilhang gegenüber zu einem bewaldeten Sattel (Kettenhandlauf) und weiter rechts ansteigend auf gestuftem Steig zur Scharte.

♦ **270–274 frei.**

♦ 275 HIRZERSCHARTE
(Obere Scharte, Giogo Piatto, 2678 m)

Flacher Sattel im gezackten Felskamm zwischen Hirzer und Hönigspitze, mit west- und besonders ostseitig steil abfallenden Felshängen. Die

Scharte befindet sich nicht an der tiefsten Stelle, sondern weiter südlich, nahe am Nordgipfel der Hönigspitze. Anstieg zur Hönigspitze (# 372) und zum Hirzer (# 374), Übergang auf dem Europäischen Fernwanderweg E 5 (# 510).

♦ **276** **Von Klammeben** (1980 m), **Hirzer-Seilbahn-Bergstation, Berggasthof Klammeben** (# 150).
Aufstieg 700 m, Mark. 4, 2.15 Std. Europäischer Fernwanderweg E 5 (# 510).
Auf Route # 153 zur Hirzerhütte (1983 m, 0.15 Std., Hinweise). Auf der Straße zur nahen Tallneralm (Einkehr, Almprodukte) und auf Steig ostwärts ansteigend durch Alpenrosengebüsch und, eine Rinne entlang, zum Karkessel zwischen Hirzer und Hönigspitze.
Von hier zunächst in engen Kehren im Geröllfeld ansteigend, dann nach rechts und am steilen Hang über leichte Felsstufen hinauf zur Scharte (2.00 Std.).

♦ **277** **Von Aberstückl/Unterwindlahner** (1525 m)
Aufstieg 1150 m, Mark. 7–4, 3.20 Std. Trittsicherheit erforderlich.
Auf Route # 375 zur Steigabzweigung am Hirzer-Südosthang (2665 m, 3.10 Std., Hinweise). Links am steilen Felshang entlang und auf gut ausgetretenem Steig in südlicher Richtung etwas ansteigend zur Scharte (0.10 Std.).

♦ 278 GRÜNANGERJOCH
(Giogo Pascolo Verde, 2428 m)

Grassattel mit trichterartiger Mulde im Verbindungskamm zwischen Pfandlspitze und Hirzer-Nordwestflanke. Westseitig gut begehbarer Geröllhang, ostseitig steil abfallender Fels- und Grashang. Anstieg zur Pfandlspitze (# 376) und Fortsetzung zur Alplerspitze (# 378).

♦ **279** **Von Klammeben** (1980 m), **Hirzer-Seilbahn-Bergstation, Berggasthof Klammeben** (# 150).
Aufstieg 480 m, Mark. 40–2, 2.00 Std. Trittsicherheit erforderlich.
Auf Route # 153 zur Hirzerhütte (1983 m, 0.20 Std.). Weiter wie bei # 377 zum Joch (1.40 Std.).

♦ 280 PFANDLJOCH
(Forc. di Pegno, 2433 m)

Grassattel mit großem Steinmann im Kamm zwischen Pfandlspitze (# 376) und dem namenlosem Gipfel im Südgrat der Alplerspitze (# 378). Zugang vom Grünangerjoch (# 278) über die Pfandlspitze, auf dem Anstieg zur Alplerspitze (# 379). Am brüchigen Ostabhang der Pfandlspitze ist keine Steigverbindung zwischen Grünangerjoch und Pfandljoch vorhanden. Auch der steil abfallende Ost- und Westhang des Jochs ist weglos (nur Viehspuren).

♦ 281–289 frei.

Penser Kamm

♦ 290 JAUFENPASS
(Passo di M. Giovo, 2099 m)

Niedrigster Einschnitt im Trennkamm zwischen dem Sterzinger Talbekken und dem Passeiertal. Schon in vorgeschichtlicher Zeit benutzter Paßübergang. Grenze zwischen Stubaier und Sarntaler Alpen. Paßstraße zwischen Sterzing und St. Leonhard in Passeier. Zwei Bar-Kioskhäuschen auf der Paßhöhe, Gasthof Enzianhütte an der Südseite, Berggasthof Sterzinger Jaufenhaus (# 160) an der Nordseite des Überganges. Im Sommer Autobuslinie Meran – Sterzing. Wintersperre, Straße offen bis zum Sterzinger Jaufenhaus. Wander- und Wintersportgebiet Ratschings – Jaufen. Zufahrten und Ausgangspunkt siehe # 160.

♦ 291–294 frei.

♦ 295 PENSER JOCH
(Passo di Pennes, 2214 m)

Einsattelung im Verbindungskamm Penser Weißhorn – Tatschspitze, zwischen Innerpens und dem Eggertal. Paßstraßenübergang zwischen Sarnthein und Sterzing. Direkte Verbindung vom Sarntal nach Sterzing und zum Brenner. Autobusdienst. Wintersperre vom ersten größeren Schneefall bis zum Mai. Wird auf dem Sarntaler Höhenweg (# 500) und auf der Großen Hufeisentour (# 508) überschritten.
Zufahrten und Ausgangspunkt: siehe Berggasthof Alpenrosenhof (# 166).

Der Westabhang von Hirzer (# 373) und Hönigspitze (# 370). Links oben Prenn und Obertall (Hirzer Seilbahnstation, # 150), rechts Oberkirn (Verdinser Seilbahnstation, # 146) und Videgg, tiefer am Hang Untertall.

♦ 296 GRÖLLERJOCH
(Giogo di Frane, 2557 m)

Felssattel über dem steil zum Penser Tal abfallenden Mudatsch in rauhem Felsgelände südseitig unter dem Penser-Weißhorn-Gipfelhang. Übergang vom Penser Joch in das Weißenbacher-Oberberg-Almtal (Sarntaler Höhenweg, # 500, und Große Hufeisentour, # 508), Anstieg zum Penser Weißhorn (# 401).

♦ **297 Vom Penser Joch** (2214 m, # 295)
Aufstieg 350 m, Mark. 12A, 1.50 Std. Sarntaler Höhenweg (# 500).

Von der Paßhöhe auf Fußweg nach Westen mit Mark. 12A zum Penser-Joch-See. Nun ansteigend zur Kammhöhe und kurz nordseitig entlang, leicht abwärts, wieder links und durch einen weiten Sattel zum Südosthang der Rötenspitze. Dort quer am Steilhang nach Südwesten ansteigend bis nahe an die Kammhöhe (2354 m, 1.00 Std.). Durch einen steil abfallenden Hang auf gutem Steig zum Kar oberhalb der Steinwandseen, dort südwärts querend, dann ansteigend zum südostseitigen Weißhorn-Felskessel (weiße Kalkfelsen). Über Blockfelder (im Frühsommer Firnfelder) in Kehren zum Gröllerjoch (0.50 Std.).

♦ **298 Nach Weißenbach** (1338 m, # 25)
Abstieg 1220 m, Mark. 9, 2.00 Std. Sarntaler Höhenweg (# 500) und Große Hufeisentour (# 508).

Mit Mark. 9 am steil abfallenden Südwestabhang des Gröllerjochs auf Steigspuren über Schutt- und Schrofengelände zu einer verfallenden Hütte auf der Hochweide (2144 m). Weiter auf Steig in Kehren am Steilhang hinab in das Oberberg-Almtal. Von den Hütten (1794 m) auf dem Almweg mit Mark. 8/9 links am Hang nach Süden in das bewaldete Weißenbachtal. Dort auf dem Wirtschaftsweg südostwärts und nach den Winklhöfen (1442 m) auf der asphaltierten Straße nach Weißenbach absteigend (Linienbus-Haltestelle).

♦ **299 frei.**

Östliche Sarntaler Alpen

Genterskamm

♦ **300** **DURNHOLZER JÖCHL**
(Forc. Valdurna, 2235 m)

Weite Einsattelung im Genterskamm zwischen Karnspitze (# 408) und Schönjöchlspitze (sollte Naturpark werden). Übergang zwischen Durnholz (# 28) und Pens (# 26), Anstieg zur Karnspitze (# 409).

♦ **301** **Vom Durnholzer Parkplatz** (1510 m, # 28)
Aufstieg 730 m, Mark. 12, 2.10 Std.
Vom Parkplatz (Gebühr ab Parktafel) auf der Straße zur Holzbrücke und links auf Fußweg (Stiege) zum Dorfkern. Vom Gasthof Jägerhof (Hinweis am Schulhaus) auf Steig Mark. 12 in den steilen Wiesen ansteigend zum hoch über dem Dorf liegenden Pronnhof. Weiter auf dem alten Fußweg, vom Hof zuerst rechts, dann links hinauf und einen Fahrweg überquerend zum Waldrand. Im Hochwald links von einer großen Weidefläche weiterhin steil ansteigend zur Prennwiese (1909 m, Hütte). Nun durch die teils abgeholzten Latschenfelder der Hofer-Bergalm nordwärts zum Jöchl.
Mark. 12 führt durch das Kirchbach-Almtal absteigend meist am Bach entlang nach Pens.

♦ **302–307 frei.**

Flagger- und Schalderer Berge

♦ **308** **TRAMINSCHARTE**
(Forc. Tramin, 2380 m)

Scharte im Felskamm zwischen Tagewaldhorn (# 418) und Sulzspitze. Übergang von Grasstein-Puntleid im Eisacktal (Unteres Wipptal) nach Pens im Sarntal (sollte Naturpark werden). Anstieg über den Nordwestgrat zum Tagewaldhorn (# 420).

♦ **309** **Von der Penser Alm** (2158 m)
Aufstieg 420 m, Abstieg 200 m, 14A–rot-weiß–13, 2.20 Std.
Auf Route # 173 bis zum Zusammentreffen mit dem Steig Mark. 13 von Asten herauf (2262 m, 2.00 Std., Felsblock mit Markierung). Weiter wie bei # 310 zur Scharte (0.20 Std).

♦ **310** **Von Asten** (1550 m)
Aufstieg 830 m, Mark. 13, 2.30 Std.
Anfahrt von Pens (# 26), Abzweigung von der Penser-Joch-Straße rechts zur Kirche und auf der Höfestraße im Talboden entlang nach Asten. Dort rechts auf Schotterstraße (Forstweg Tramin – Asten) bis zum Fahrverbot beim Indersthof (Parkmöglichkeit beim Bach).
Auf der breiten Forststraße (Gatter, schwache Markierung) links am

Bach entlang in das untere Tramintal bis zur ersten Kehre. Dort rechts abzweigend auf dem alten, steinigen Almweg Mark. 13 über die bewaldete Steilstufe zur Traminalm (1970 m, 1.20 Std., verfallende Schäferhütte). Nach den Weideböden im rauhen, wildromantischen Bergkessel weiter ansteigend und in Kehren über die Steilstufe im Talschluß zum oberhalb verlaufenden Sarntaler Höhenweg (2262 m, 0.50 Std., Felsblock mit Markierung). Nun rechts, weiterhin steil, auf Steig Mark. 13 zum kleinen See unter dem Tagewaldhorn (2302 m) und links am Geröllhang zur nahen Scharte (0.20 Std.).

♦ **311** **Von Grasstein** (844 m, # 34)
Aufstieg 1540 m, Mark. 15, 4.30 Std.

Anfahrt durch die kleine Ortschaft zum Puntleider Wirtschaftsweg (Parkmöglichkeit). Entweder auf der Straße oder auf dem alten Fußweg, Mark. 14/15, links beim Bach aufwärts und in steilen Kehren abkürzend zum Lechnerhof. Weiter auf der Straße, nach einigen Kehren links, wieder abkürzend, oder auf der Straße nach Puntleid (1185 m, 1.00 Std., verlassene Höfe).

Nun auf Forstweg mit Mark. 15 südwärts im dicht bewaldeten Berglertal am Bach entlang zur Bergleralm (1534 m, 1.00 Std.). Nach der eingezäunten Wiese im Hochtal nach Westen ansteigend und durch wildbachzerfurchte und von Lawinen zerrissene Latschenfelder in steilen Kehren zu den Weideböden der verfallenen Sulzenalm. Bei einem großen Felsblock (1925 m, 1.10 Std., Hinweise) folgt man dem Steig Mark. 15 in südwestlicher Richtung durch das anfangs flache, dann steilere Kar in Kehren zur Scharte (1.20 Std., im Frühsommer Schneefelder).

♦ 312 HÖRTLANERSCHARTE (2605 m)

Einschartung im schroffen Südwestgrat des Tagewaldhorns nahe an der Hörtlanerspitze (sollte Naturpark werden). Übergang zwischen Penser Joch und Flaggerschartenhütte (# 171). Wird auf dem Sarntaler Höhenweg (# 500) und auf der Großen Hufeisentour (# 508) überschritten.

♦ **313** **Von der Flaggerschartenhütte** (2481 m, # 171)
Aufstieg 140 m, Mark. 15, 0.40 Std. Sarntaler Höhenweg (# 500), Große Hufeisentour (# 508).

Von der Hütte auf gutem Steig über Gras- und Felsblockgelände leicht ansteigend nach Norden, einen Hangbuckel überschreitend und an der

Die nach Norden steil abfallende Tatschspitze (# 416) östlich des Penser Jochs, über dem Egger Tal.

felsigen Nordseite abwärts (Drahtseilhandlauf) zum Kar des Tagewaldhorns. Mit Mark. 13/15 links ansteigend (rechts weiter im Kar zum Tagewaldhorn-Anstieg, # 419) am aufsteilenden Geröllhang gerade hinauf und in der Rinne in Kehren zur Scharte (im Frühsommer steiles Firnfeld).

♦ **314 Zum Penser Joch** (2214 m, # 295)
Abstieg 680 m, Aufstieg 290 m, Mark. 15–13–rot-weiß–14A, 3.00 Std. Sarntaler Höhenweg (# 500), Große Hufeisentour (# 508)

Von der Scharte (2605 m) am teils begrasten Nordwesthang unter dem Tagewaldhorn in Kehren zum kleinen See (2302 m) absteigend und mit Mark. 13 am Geröllhang weiter abwärts bis zu einem großen Felsblock mit Markierungszeichen (2262 m, 0.30 Std., Steig Mark. 13 führt links hinab nach Asten). Am Hang der Sulzspitze nach Nordwesten; auf rotweiß markierter Steigspur wieder ansteigend, dann der Hangterrasse folgend (kleiner grüner, mit Disteln umgebener See), zum Bergvorsprung oberhalb der Traminalm. Nach Norden absteigend und im Hochwald (2080 m) zur mit Granitplatten durchsetzten Seebergweide. Die Markierung führt dort am steilen Grashang ansteigend zum Kammsattel östlich vom Niedeck (2250 m, 1.20 Std.).

Weiter auf gutem Steig mit Mark. 14A, nordseitig am Niedeck entlang, nach dem folgenden Sattel die steilen Grashänge querend südseitig um den Astenberg herum und absteigend zur Penser Alm an der südseitigen Jochstraße (2158 m). Auf der Straße ansteigend zum Joch (2214 m, 1.10 Std., Berggasthof Alpenrosenhof, # 166).

♦ 315 FLAGGERSCHARTE
(Forc. Vallaga, 2436 m)

Einschartung im Hauptkamm der schroffen Flaggerberge zwischen Jakobspitze (# 421) im Süden und Tagewaldhorn (# 418) im Norden (sollte Naturpark werden). Wird auf dem Sarntaler Höhenweg (# 500) und auf der Großen Hufeisentour überschritten. Im Felsgelände etwas oberhalb der Scharte, an der Ostseite des Kammes, am Ufer des Flaggersees steht die Flaggerschartenhütte (# 171).

♦ **316 Vom Durnholzer Parkplatz** (1540 m, # 28)
Aufstieg 940 m, Mark. 16, 3.00 Std.

Siehe # 172 (Anstieg zur Flaggerschartenhütte).

♦ 317 TELLERJOCH (2520 m)

Geröllsattel im westlichen Auslaufkamm der Jakobpitze. Von den Einheimischen wird der Gipfel westlich davon (Gipfelkreuz von Durnholz aus sichtbar) als Tellerjoch bezeichnet. Wird auf dem Sarntaler Höhenweg (# 500) und auf der Großen Hufeisentour (# 508) überschritten (sollte Naturpark werden).

♦ 318 Vom Schutzhaus Latzfonser Kreuz (2311 m, # 199)

Abstieg 180 m, Aufstieg 390 m, Mark. 17–5–13, 3.00 Std. Sarntaler Höhenweg (# 500) und Große Hufeisentour (# 508).

Auf dem von der Hütte nordostwärts führenden, ebenen Steig am steilen Hang des Ritzlar und um die Bergkante herum den Osthang der Kassianspitze querend, dann am Geröllhang etwas ansteigend zur Fortschellscharte (2299 m, 0.30 Std, # 323). Auf Steig Mark. 5 nach Nordwesten absteigend zur Abzweigung des Höhenweges (2190 m, Mark. 13) und rechts, am Westhang des Gaishorns, zur Kreuzung mit dem Schalderer-Scharten-Steig, Mark. 4 (2205 m, # 320).
Weiter an den teils felsigen Südwesthängen des Schalderer Gipfelkammes querend nach Nordwesten (allgemeine Richtung). Durch die Kofeljocher Alm über dem Durnholzer See leicht ab- und wieder ansteigend und auf den Geröllfeldern teils weglos, aber ausreichend markiert, Hangbuckel und Mulden ausgehend (bei Nebel auf die Markierung achten) bis zum Kar am Südwesthang der Jakobspitze. Dort nordwärts am Hang ansteigend zum Joch (2520 m, 2.30 Std.).

♦ 319 Zur Flaggerschartenhütte (2481 m, # 171)

Abstieg 150 m, Aufstieg 110 m, Mark. 13, 0.40 Std. Sarntaler Höhenweg (# 500) und Große Hufeisentour (# 508).

Am anfangs steilen nordseitigen Geröllhang (im Frühsommer Firnfeld) absteigend in den schattseitigen Karkessel; diesen querend zum Schartensteig mit Mark. 16 am Gegenhang. Dort rechts, ostwärts ansteigend zur Flaggerscharte (2436 m, # 315) und im ostseitigen Felsgelände nach Norden zur Hütte.

♦ 320 SCHALDERER SCHARTE
(Forc. di Scaleres, 2324 m)

Einsattelung im Schalderer Westkamm zwischen Schrotthorn (# 430) im Norden und Gaishorn im Süden. Schon in vorgeschichtlicher Zeit begangener Verbindungsweg vom Sarntal zum Eisacktal (sollte Naturpark werden).

♦ **321** **Von Schalders-Kasebach** (1590 m, # 40)
Aufstieg 830 m, Abstieg 100 m, Mark. 4, 2.45 Std.
Anfahrt von Vahrn nach Schalders und von der Kirche 6 km auf der Höfestraße nach Innerschalders zum Parkplatz beim Fahrverbot oberhalb der Kasebacher Höfe (1590 m).
Auf dem Wirtschaftsweg ansteigend zur Wegverzweigung nach dem letzten Hof oberhalb Steinwend (1690 m). Dort links (Schranke) auf Fahrweg abwärts zum Talbach (1600 m). Auf der Forststraße mit Mark. 4 wieder ansteigend, im verzweigten Talschluß nach Süden und rechts im steilen Hochwald in Kehren auf dem alten Fußweg zur Waldgrenze (2079 m, 2.00 Std.).
Am Gras- und Geröllhang weiter nach Westen, teils in Kehren, zur Scharte ansteigend (0.45 Std., hölzerner Bildstock, rechts Anstieg zum Schrotthorn, # 430).

♦ **322** **Vom Durnholzer Parkplatz** (1510 m, # 28)
Aufstieg 810 m, Mark. 5–4, 2.30 Std.
Auf Route # 203 bis zur Wegverzweigung am Schrotthorn-Westabhang (2050 m, 1.45 Std., Mark. 5 rechts zur Fortschellscharte, # 323). Nun links, ostwärts, ansteigend zur Kreuzung mit Mark. 13 (Sarntaler Höhenweg, # 500) und im Felsblockgelände zur Scharte (0.45 Std.).

♦ 323 FORTSCHELLSCHARTE
(Forc. di S. Cassiano, 2299 m)

Sattel am südlichen Ende des Schalderer Westkammes zwischen Plankenhorn im Norden und Kassianspitze im Süden. Wegverbindung zwischen Durnholz und Latzfons (sollte Naturpark werden). Zugang von Durnholz zum Schutzhaus Latzfonser Kreuz (# 199), Übergang auf dem Sarntaler Höhenweg (# 500) sowie auf der Großen Hufeisentour (# 508).

♦ **324** **Von der Klausner Hütte** (1923 m, # 196)
Aufstieg 380 m, Mark. 17–5, 1.15 Std.
Auf Route # 201 bis zum Plankenbachgraben (2053 m, 0.30 Std.). Auf dem kurz vor dem Graben rechts abzweigenden Steig mit Mark. 5 über Alpenrosen- und Grashänge in der Mulde zwischen Lorenzispitze und Kassianspitze nordwestwärts ansteigend zu Scharte (0.45 Std.).

Die große Hochfläche der Villanderer Alm, links der Villanderer Berg (# 457). Im Vordergrund die obersten Höfe von Villanders.

♦ 325 **Vom Durnholzer Parkplatz** (1510 m, # 28)
Aufstieg 790 m, Mark. 5, 2.40 Std.
Siehe # 203 (Aufstieg zum Schutzhaus Latzfonser Kreuz).

♦ 326 LORENZISCHARTE
(Forc. S. Lorenzo, 2208 m)

Sattel im Schalderer Südkamm zwischen Lorenzispitze (# 440) im Westen und Kuhberg – Königsanger (# 442) im Osten. Übergang zwischen Schalders und Latzfons (sollte Naturpark werden).

♦ **327** **Von der Klausner Hütte** (1923 m, # 196)
Aufstieg 285 m, Mark. 5, 0.50 Std.
Von der Hütte (Hinweise) auf Steig Mark. 5 im Zirbenhochwald nordostwärts, dann über die Weidehänge der Kuhbergalmen in mäßiger Steigung zur Scharte.

Latzfonser Berge

♦ **328** **LÜCKL**
(Passo del Lucolo, 2378 m)

Einsenkung im Südkamm der Kassianspitze (# 445) westlich des Schutzhauses Latzfonser Kreuz. Übergang zwischen Latzfons und Reinswald (sollte Naturpark werden).

♦ **329** **Von der Reinswalder-Lift-Bergstation** (2130 m, # 188)
Aufstieg 280 m, Abstieg 30 m, Mark. 11–7, 1.40 Std.
Siehe # 200 (Anstieg zum Schutzhaus Latzfonser Kreuz).

Villanderer Berge

♦ **330** **AM TOTEN**
(Al Morto, 2186 m)

Kammsattel am Südwestende der Villanderer Alm, am Nordfuß des Villanderer Berges (# 457), im einstigen Bergwerksgebiet Seeberg. Standort der renovierten Kapelle „Am Toten". Sagenumwobener Übergang zwischen Sarntal und Eisacktal, Kreuzwegstationen von beiden Seiten (sollte Naturpark werden).

♦ **331** **Vom Reinswalder Parkplatz** (1570 m, # 27)
Aufstieg 630 m, Mark. 7–rot-weiß, 2.20 Std.
Vom Fahrverbot beim oberen Parkplatz auf Asphaltstraße (Kehren, Kreuzwegstationen) ansteigend zum Sonnenhang des Getrumtals; dort in der ersten Kehre (1655 m, Hinweise an Lärchenstamm) auf Schotterstraße geradeaus weiter taleinwärts zum Getrumbach (1700 m, 0.50 Std.). Nach der Brücke über den Getrumbach südwärts das Knappenbachtal entlang; vor einer Kreuzwegstation rechts über den Bach, auf Fußweg südwestwärts ansteigend und im Wald, teils durch Sumpf-

wiesen, dann wieder auf gutem Steig, zur Seebergalm (2090 m, Almmulde mit den Seen unter den nordseitigen Felsaufschwüngen des Villanderer Berges). Weiter auf Steig Mark. 6/T links, ostwärts, hinauf zur Kapelle am Toten (1.30 Std.).

♦ **332 Von Villanders/Gasserhütte** (1744 m, # 209)
Aufstieg 440 m, Hinweise, Mark. 6, 1.30 Std.
Vom Parkplatz auf der nach Westen ansteigenden Straße, bei den Kreuzungen geradeaus, weiter zur Sträucher- und Latschenzone oberhalb der Baumgrenze. An einigen Almhütten vorbei durch die flachen Mooswiesen (Kreuzwegstationen) und am Ende der Straße auf breitem Almweg mit Mark. 6 ansteigend zum Kirchlein am Kamm.

♦ 333 GASTEIGER SATTEL
(Sella dei Sentieri, 2056 m)

Weite Einsattelung zwischen Rittner Horn (# 462) im Süden und Villanderer Berg (# 457) im Nordwesten. Ein Wirtschaftsweg als Verbindung zwischen Sarntaler Scheibenalm, Rittner Alm und Villanderer Alm führt über den Sattel. Wird auf dem Sarntaler Höhenweg (# 500) sowie auf der Großen Hufeisentour (# 508) überschritten.

♦ **334 Von Villanders/Gasserhütte** (1744 m, # 209)
Aufstieg 310 m, Mark. 7, 1.00 Std.
Siehe # 208 (Anstieg zum Schart-Biwak).

♦ **335 Vom Rittner-Horn-Haus** (2261 m, # 232)
Abstieg 200 m, Mark. 1/3/7, 0.50 Std. Sarntaler Höhenweg (# 500) und Große Hufeisentour (# 508).
Vom Schutzhaus zur Antennenanlage und nordwärts auf breitem Weg (Markierung) durch eine Senke; über den Kamm des Sattelberges und am Nordwesthang absteigend zum Gasteiger Sattel.

♦ **336–349 frei.**

Gipfelanstiege

Westliche Sarntaler Alpen

Tschögglberg

♦ 350 HOHE REISCH
(Stoanerne Mandln, auch Große Reisch, 2003 m)

Flacher, waldfreier Bergrücken mit Wetterkreuz. Bekannter, vielbesuchter Aussichtspunkt im Kamm des Tschögglberges zwischen Sarnthein und den Hochflächen von Hafling und Vöran. Die flach abfallende, breite Anhöhe mit den vielen in Gruppen und einzeln verstreut stehenden, weithin sichtbaren Steintürmchen wird von den Einheimischen treffend „Stoanerne Mandln" genannt. Die mit Porphyrplatten aufgeschichteten Steinmänner, von denen einige aus vorgeschichtlicher Zeit stammen sollen, geben dieser Gegend einen eigenartigen Charakter, einen sonderbaren Hauch von Geheimnis und Sage.

♦ 351 Von Sarnthein/Putzerhöfe (1460 m)
Aufstieg 550 m, Mark. 5–P, 1.50 Std.
Anfahrt 4,5 km vom Kirchplatz in Sarthein durch eine enge Gasse zur Auener Höfestraße und, links abzweigend (Hinweis), auf schmaler Asphaltstraße im Runggertal weiter; zuletzt am steilen Waldhang kurvenreich zu den Putzerhöfen (1460 m, Privatparkplatz).
Rechts vom Wirtschaftsgebäude des Oberputzerhofes (Gatter, Fahrverbotstafel) auf breitem Weg durch die Wiese hinauf zum Wald (hierher auch auf dem markierten Fußweg). Der Weg, nun mit Mark. 5, führt im Wald südwestwärts ansteigend zum Putzerkreuz (1630 m, 0.30 Std., Wallfahrtskirchlein – einfache Jausenstation).
Weiter auf der Forststraße, bei der folgenden Abzweigung rechts mit Mark. P (Hinweise, Mark. 5 führt über das Jenesiener Jöchl zur Möltener Kaser, # 104) und über Lärchenwiesen nordwärts ansteigend bis zu einer Alm (1770 m, Wegverzweigung, auf die Markierung achten). Die markierte Steigspur führt in einiger Entfernung links vom Zaun im Hochwald- und Weidegelände zum Sattel am oberen Ende der eingezäunten Alm (1919 m, 0.50 Std.).

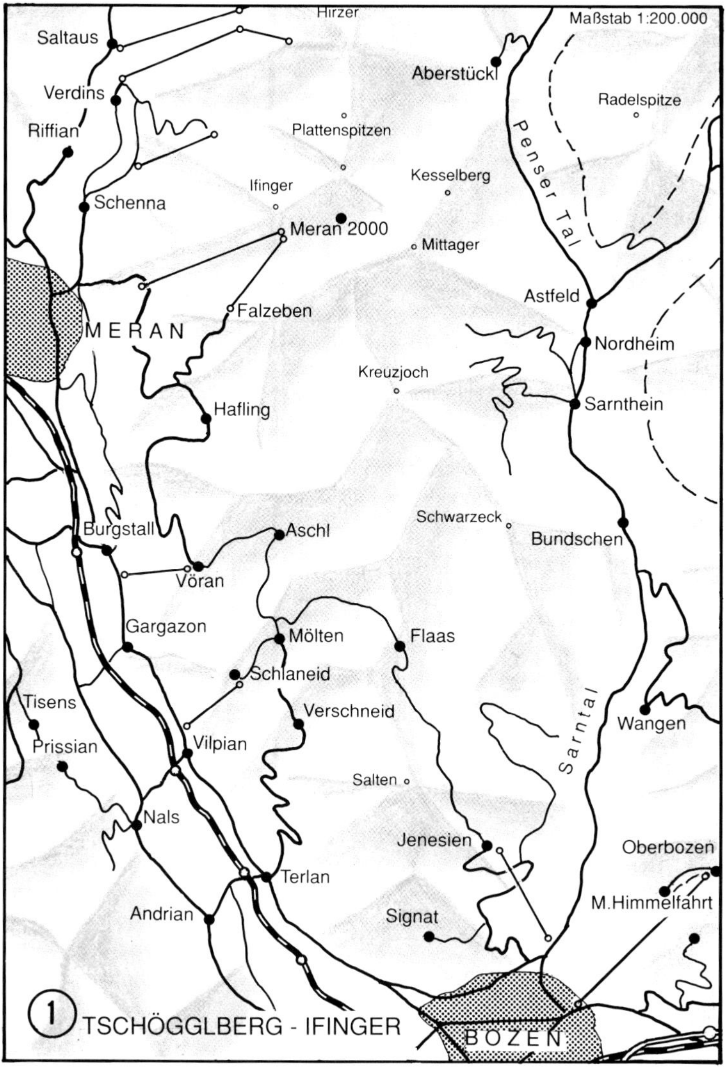
Hirzer
Maßstab 1:200.000
Saltaus
Aberstückl
Verdins
Radelspitze
Riffian
Plattenspitzen
Penser Tal
Kesselberg
Ifinger
Schenna
Meran 2000
Mittager
Astfeld
Falzeben
MERAN
Nordheim
Kreuzjoch
Sarnthein
Hafling
Schwarzeck
Burgstall
Aschl
Bundschen
Vöran
Gargazon
Mölten
Flaas
Schlaneid
Sarntal
Tisens
Verschneid
Wangen
Prissian
Vilpian
Salten
Nals
Jenesien
Oberbozen
Terlan
M.Himmelfahrt
Andrian
Signat
1 TSCHÖGGLBERG - IFINGER
BOZEN

Auf gutem Steig durch Alpenrosenbüsche rechts an einer Anhöhe entlang nach Westen (Zaun, Gatter) und nordwärts leicht absteigend in eine Einsenkung (1895 m). Weiter im Hochwald (Sichtverbindung) über den steinigen Südosthang zur ersten Gruppe von Steinmännchen (Unterstand) und zum nahen Höchstpunkt der Hohen Reisch (0.30 Std.).

♦ **352** **Vom Auener Joch** (1924 m, # 250)
Aufstieg 80 m, Mark. P, 0.15 Std.

Zugänge zum Auener Joch siehe unter # 251 (von Sarnthein-Auen, 0.50 Std.) und unter # 253 (von Hafling, 2.10 Std.).
Vom Höhenweg Mark. 4 links abzweigend auf dem Steig mit Mark. P über den flachen, mit Latschen bewachsenen Hang nach Südosten und in mäßiger Steigung zur breiten Anhöhe mit den vielen Steintürmchen (Sichtverbindung).

♦ 353 KREUZJOCH
(Giogo della Croce, 2086 m)

Flacher, weit auslaufender Bergrücken mit Weideflächen und Alpenrosengebüsch am nördlichen Ende des Tschögglberges, mit dem nach Osten zum Öttenbachtal hin vorspringenden Karkofel (2114 m) und dem nördlichen Hügel Maiser Rast (2027 m). Der Zaun auf dem Kammrücken trennt das Sarntaler vom Haflinger Weidegebiet. Maiser Rast und Kreuzjoch werden vom Sarntaler Höhenweg (# 500) und vom Europäischen Fernwanderweg E 5 (# 510) überschritten.

♦ **354** **Von der Meraner Hütte** (1960 m, # 114)
Aufstieg 130 m, Mark. 4 (E 5), 1.15 Std. Sarntaler Höhenweg (# 500) und Europäischer Fernwanderweg E 5 (# 510).

Von der Sonnenterrasse (Hinweise) auf breitem Weg nach Süden und, einige Erosionsgräben querend, zur Unteren Scharte (1964 m, Schartboden, Hinweise).
Auf Fußweg mit Mark. 4 rechts ansteigend, am steilen Osthang des Spielers durch eine Erosionszone und leicht absteigend zum Kreuzjöchl (1984 m, 0.30 Std., Gatter, Hinweise, # 254).
Weiter nach Süden auf Viehsteigen am Zaun entlang, leicht an- und absteigend über die Anhöhe Maiser Rast, dann etwas steiler hinauf zum höchsten Punkt (0.45 Std., Sichtverbindung).

♦ 355 **Zum Auener Joch** (1924 m, # 250)
Abstieg 160 m, Mark. 4 (E 5), 0.15 Std. Sarntaler Höhenweg (# 500) und Fernwanderweg E 5 (# 510).

Auf ausgetretenem Viehsteig in Sichtverbindung absteigend zum nahen Joch.

Ifinger – Hirzer

♦ 356 KLEINER MITTAGER
(2305 m)

In steilen Grashängen abfallende, am Nordwesthang teils felsige Gipfelkuppe westlich des Großen Mittagers im Skigebiet Meran 2000. Die Mittagerhütte (# 122, Bergstation einer Liftanlage) steht am Südhang, nahe am höchsten Punkt.

♦ 357 **Von der Mittagerhütte** (2260 m, # 122)
Aufstieg 45 m, weglos, 0.10 Std.

Von der Hütte über den Bergrücken zum Gipfel. (Fortsetzung zum Großen Mittager über die Kammverbindung.)

♦ 358 GROSSER MITTAGER
(Kesselberg, M. Catino, 2422 m)

Leicht erreichbarer Aussichtspunkt. Höchster Gipfel des zwischen Sarnthein und Aberstückl im Westen das Sarntal begrenzenden Bergmassivs, das vom Bergkessel der Kirchsteiger Alm (Skigebiet Meran 2000) und dem Missensteiner Joch (# 259) durch die Ifinger- und Plattenspitzgruppe getrennt ist.

♦ 359 **Von der Kesselberghütte** (2300 m, # 118)
Abstieg 35 m, Aufstieg 160 m, Mark. 13 (nur streckenweise), 0.40 Std.

Von der Hütte auf der Straße abwärts zur Kesselbergscharte (2264 m, Hinweise). Nun auf Steig mit Mark. 13 südwestwärts ansteigend und quer durch große Geröllhänge zum Westkamm der Windspitze (2320 m, Rastbank, Hinweise, hierher auch von der Mittagerhütte). Auf gutem, nicht markiertem Steig am Kamm nach Osten ansteigend, dann am Südhang querend und links zum Gipfel.

♦ 360 IFINGER
(Picco Ivigna, 2581 m)

Den Meraner Talkessel an der Ostseite beherrschend überragender, massiver Felsgipfel aus Granitgestein. Namhafter, vielbesuchter, durch die Aufstiegsanlagen unschwer zugänglicher Aussichtsberg.

Oben: Der felsige Westabhang der Verdinser Plattenspitze (# 362) mit dem weiten Sattel der Oswaldscharte (# 264), rechts die Lift-Bergstation Kuhleiten (# 125) und der Gratanstieg zum Ifinger.
Links: Blick über die Kuhleiten und den Ifingergipfel auf Meran und den Vinschgau. Am Horizont sind die Ortler-Hauptgipfel gut zu erkennen.

♦ 361 Vom Schutzhaus Kuhleiten (2360 m, # 125)
Aufstieg 220 m, markiert, 0.40 Std. Trittsicherheit erforderlich. Schwierigkeit I–.

Anfangs leicht absteigend auf breitem Weg durch den Sattel und auf Erosionssteig in Kehren über den Nordostkamm. Links der Kammlinie am Grashang bis nahe unter den Vorgipfel ansteigen (Kleiner Ifinger, Hinweis). Rechts in den steilen Felsen der Nordseite querend und auf ansteigendem Schichtband (Kettenhandlauf) zur Scharte beim Gipfelaufbau (2540 m,

Kunststoffseil). Kurz über die Scharte und an der Südostseite über plattige Steilstellen an durchgehend gespanntem Seilhandlauf zum Grat und links herum zum Gipfel.

♦ 362 VERDINSER PLATTENSPITZE
(Laste di Verdins, 2680 m)

Im südlichen Zackenkamm der unwegsamen Plattenspitzgruppe auf gut angelegtem Klettersteig erreichbarer, lohnender Granitgipfel. Freie Rundsicht und eindrucksvolle Tiefblicke, besonders zum Kratzberger See. (Etwas Verwirrung besteht bei den Gipfelnamen.) Abb. S. 96.

♦ 363 **Von Piffing** (1900 m), **Bergstation des Falzeben-Sessellifts** (# 112) **und der Ifinger-Seilbahn** (# 110)
Aufstieg 780 m, nur schwache Markierung, 2.30 Std. Klettersteig. Bergerfahrung, Orientierungssinn, Trittsicherheit und Schwindelfreiheit erforderlich. Schwierigkeit I.
Auf Route # 126 auf der Straße bis zur Kehre im ebenen Karkessel unterhalb der Oswaldscharte (2280 m, 1.10 Std.). Dort rechts abzweigend und im Wildbachschutt nach Norden zu einem Felsblock (Tafel, Hinweis „Plattinger"). Nun weglos der roten Markierung folgend im Felsblock- und Geröllfeld zunehmend steiler nach Norden, dann rechts (2420 m, Pfeil an Felsblock) ostwärts in Richtung Scharte und mühsam im Geröllfeld (Steigspuren, Pfeile) zu ihr hinauf (2560 m, 0.50 Std.).
Nordwärts in den Felsen durch eine kurze Rinne (Drahtseil) in die Ostflanke, dort querend und in Kehren zur Grathöhe. Weiter über die gesicherten Gratfelsen und nach einigen Scharten wieder in die steil abfallende Ostflanke. Dort in längerer Querung auf Steig mit Handlauf entlang (Tiefblick), dann links, nordostseitig durch eine kurze Rinne zum Grat und über feste Felsen zum Gipfelkreuz (0.30 Std.).

♦ **364–369 frei.**

♦ 370 HÖNIGSPITZE
(2695 m)

Doppelgipfel im Kamm zwischen Hirzermassiv im Norden und Plattenspitzen im Süden. Von der Hirzerscharte (# 275) leicht erreichbarer Aussichtspunkt. Der Anstieg über den Westgrat der Hönigspitze mit Überschreitung zum Hirzer ist alpinistisch reizvoller und landschaftlich schöner als der normale, viel begangene Anstieg über die Hirzerscharte.

♦ **371** **Von Klammeben** (1980 m), **Hirzer-Seilbahn-Bergstation, Berggasthof Klammeben** (# 150).
Aufstieg 715 m, anfangs nicht markiert, 2.00 Std. Trittsicherheit und Schwindelfreiheit erforderlich. Schwierigkeit I–.
Von der Wiese auf Klammeben auf nicht markiertem, aber gut ausgetretenem Steig am ersten Geröllhang ansteigend zum anfangs nur nordseitig etwas abfallenden Kamm. Der Steig führt auf dem steiler werdenden Kammrücken durch Alpenrosenbüsche, dann über Grashänge (2266 m, rechts Liftstation, ab dort rot markiert) zu den ersten Felsen (2420 m, schräge Platte mit Tritthilfe).
Weiter teils am steilen Südhang ausweichend, teils über die luftige Kammschneide auf gutem Steig und über leichte Schrofen zu einem Felskopf (2550 m). Südseitig quer am felsdurchsetzten Hang, dann hinauf zur Gratfortsetzung und am Kamm über leichte Schrofen bis zum Gipfel.

♦ **372** **Von der Hirzerscharte** (2678 m, # 275)
Leicht an- und absteigend, rot markiert, 0.15 Std.
Zugänge zur Hirzerscharte siehe unter # 276 (von Klammeben, 2.15 Std.) und unter # 277 (von Aberstückl, 3.20 Std.).
Von der Scharte am begrasten Bergrücken leicht ansteigend, auf markierten Steigspuren nach Süden zum Nordgipfel und durch die folgende Einsattelung zum Hauptgipfel.

♦ 373 HIRZER
(Punta Cervina, 2781 m)

Höchster Berg der Sarntaler Alpen. Zentral im Land gelegener Aussichtspunkt. Durch die Aufstiegsanlagen am Westabhang von der Meraner Seite verhältnismäßig leicht erreichbarer, vielbesuchter Gipfel.

♦ **374** **Von Klammeben** (1980 m), **Hirzer-Seilbahn-Bergstation, Berggasthof Klammeben** (# 150)
Aufstieg 830 m, Mark. 4, 2.45 Std. Trittsicherheit erforderlich.
Auf Route # 276 zur Hirzerscharte (2678 m, 2.15 Std., Hinweise). Am steilen, felsigen Osthang auf gutem Steig leicht absteigend nach Norden

Plattenspitzkamm (# 362) von Osten mit dem Kratzberger See.

zum Gipfelhang (2665 m, Sarntaler Zustieg, Fortsetzung des Fernwanderweges).
In Kehren am Fels- und Schutthang links steil ansteigend zum Gipfel (0.30 Std.).

♦ **375** **Von Aberstückl/Unterwindlahner** (1525 m, # 24)
Aufstieg 1260 m, Mark. 7–4, 4.00 Std.
Wie bei # 121 Anfahrt zum Parkplatz in der Kehre, kurz zum Unterwindlahner und zur Durralm (1568 m). Nicht vor, sondern nach der Hütte rechts (undeutliche Abzweigung) mit Mark. 7 nach Nordwesten, im Anterantal zur Waldgrenze und steiler über Weidehänge (auf die Markierung achten) in Kehren zur Anteranalm (2053 m, 1.40 Std.).
Weiter kurz links ansteigend, an den kleinen Seen (Anteranlacken) vor-

Die Alplerspitze (# 378) von der Pfandlspitze (# 376).

bei zum Höhenweg Mark. 4 (2100 m, Gebirgsjägersteig und Europäischer Fernwanderweg E 5, # 510).
Nun wieder in nordwestlicher Richtung ansteigend und am aufsteilenden Gras- und Geröllhang in Kehren über langgezogene Steilstufen (im oberen Bereich besser ausgetretener Steig) zum brüchigen Gipfelhang (2665 m, Hinweise, Steig links zur Hirzerscharte). Weiter in steilen Kehren zum Gipfel (2.20 Std.).

♦ 376 **PFANDLSPITZE**
(Cima di Pegno, 2538 m)

Höchster Gipfel und Aussichtspunkt im Trennkamm Passeiertal/Sarntal, zwischen Hirzer (# 373) im Süden und Alplerspitze (# 378) im Norden.

Schroffes Felsgelände und steile Grashänge. Kein markierter Zugang von der Sarntaler Seite.

♦ 377 **Von Klammeben** (1980 m)**, Hirzer-Seilbahn-Bergstation, Berggasthof Klammeben** (# 150)

Aufstieg 590 m, Mark. 40–2, 2.25 Std. Teils weglos und Schrofen. Trittsicherheit und Orientierungssinn erforderlich. Schwierigkeit I–.

Auf Route # 153 zur Hirzerhütte (1983 m, 0.15 Std.). Weiter auf der Straße zur nahen Tallner Almhütte (Einkehr, Almprodukte). Nördlich der Hütte vom breiten Fußweg rechts abzweigend (Hinweise zu den Berggasthöfen, aber nicht für diese Route) auf Steig Mark. 2 nach Norden ansteigend und flacher zum Bergrücken.

Nach einem Steinmann (Rastbank) nordseitig abwärts und, den Talschluß nordostwärts querend, oberhalb der Hinteregger- und Mahdalm am Alpenrosenhang, dann durch die Rotmoos-Weideböden zu einer Mulde (2135 m, links kleines Mauerwerk, markierte Abzweigung zur Mahdalm).

Weglos rechts, ostwärts, über den flachen Grasbuckel ansteigend (markiert von Stein zu Stein), dann auf Steigspuren links am felsigen Steilhang über Schrofen nach Norden zu einem Grassattel mit Steinmann (2230 m). Nun weglos nach Osten und, der Markierung folgend, über begraste Moränenrücken (Steinmänner als Orientierungspunkte) zum steilen Geröllhang. Auf Steigspuren links in Kehren, dann rechts und gerade hinauf zum Grünangerjoch (2428 m, 1.40 Std., # 278).

Die Markierung 2 führt rechts der felsigen Kammlinie nach Norden. Anfangs durch steiles Schrofengelände, dann auf Steigspuren (Viehsteig) am Grashang querend und nach einem Vorgipfel über den Kammrücken zur Pfandlspitze (0.30 Std.).

♦ 378 ALPLERSPITZE

(Madatsch, Punta dell'Alpetta, 2748 m)

Schöne Berggestalt, Aussichtswarte über dem Passeiertal. Über dem Fartleistal oberhalb von St. Martin in rötlichen Wänden aufragender, zum Weißenbacher-Unterberg-Hochtal in steilen, felsdurchsetzten Grashängen abfallender schroffer Felskamm. Gipfelkreuz und Gipfelbuch. Der Südgrat, über den der folgend beschriebene Anstieg verläuft, wirkt von der Pfandlspitze gesehen schroff und schwieriger, als er in Wirklichkeit ist.

♦ **379** **Von Klammeben** (1980 m), **Hirzer-Seilbahn-Bergstation, Berggasthof Klammeben** (# 150)

Aufstieg 900 m, Abstieg 130 m, Mark. 40–2, 3.40 Std. Kondition, Bergerfahrung und Trittsicherheit erforderlich. Schwierigkeit I.

Auf Route # 377 zur Pfandlspitze (2538 m, 2.25 Std.). Vom Gipfel über den Bergrücken nach Nordosten absteigend und mit Mark. 2 zu den flachen Grasböden des Pfandljochs (2433 m, Steinmann, # 280). Gegenüber auf Viehsteig rechts der Kammlinie, teils über die Kammschrofen, an einer Gedenktafel (2580 m) vorbei zum namenlosen Gipfel in der Gratverzweigung (2654 m).
Auf Steigspuren leicht absteigend und über den rechts begrasten, links steil abfallenden Kamm nordwärts zum Steilaufschwung (Markierungspfeil). Über ausgesetzte, erdige Gras- und Felsstufen auf den Gratkopf. Teils rechts der Kammlinie und auf ihr weiter und nach Überschreitung einiger Vorgipfel zur Alplerspitze (1.15 Std.).
Abstieg auf dem Anstiegsweg mit Mark. 2 nach Klammeben, 3.00 Std.

♦ **380** **Rückweg nach St. Martin** (597 m, # 19)

Abstieg 2150 m, Mark. 2, 3.30 Std. Kondition und Trittsicherheit erforderlich. Schwierigkeit I.

Mit Mark. 2 über den teils felsigen Nordgratrücken absteigend zu einem Sattel und links am Geröll- und Grashang absteigend in Kehren zur Hühnerspielalm (1980 m). Weiterhin steil zur Fartleisalm im Talgrund (1455 m) und am Bach entlang talauswärts. Von den Fartleishöfen links am Schatthang, oberhalb der Gilfenklamm, zur Bergkante und am Westabhang auf der Prantach-Höfestraße, teils diese abkürzend, nach St. Martin.

♦ **381–389 frei.**

Penser Kamm

♦ **390** **JAUFENSPITZE**
(Punta di M. Giovo, 2480 m)

Südöstlich über dem Jaufenpaß im schroffen Trennkamm zwischen dem Sterzinger Jaufental und dem Wannsertal im Passeier steil aufragender, nordseitig in senkrechten Wänden abfallender Felsgipfel. Mit dem Zin-

Die Jaufenspitze (# 390) östlich über dem Jaufenpaß, mit dem steilen Nordgrat, rechts der Normalanstieg. Links im Hintergrund die Hochplattspitze (# 392).

seler nördlichster Gipfel der Sarntaler Alpen. Von der Paßhöhe aus in relativ kurzem Anstieg erreichbarer, lohnender Aussichtsberg.

♦ **391 Vom Jaufenpaß** (2099 m, # 290)
Aufstieg 380 m, Mark. 11, 1.20 Std. Trittsicherheit erforderlich. Teils Klettersteig. Schwierigkeit I–.

Vom Kiosk „Bar Edelweiß“ auf der Paßhöhe (Hinweis, Parkplätze im Bereich) auf breitem, nicht markiertem Fußweg am Südabhang nach Osten ansteigend und links zum flachen Sattel (hierher auch vom Jau-

fenhaus, # 160, auf Steig Mark. 11). Nun am Nordhang querend, dann rechts in Kehren am felsigen Steilhang zur flachen Kammhöhe (2200 m, Drahtseil).
Weiter auf gutem Steig, noch kurz an der Nordseite, dann am Westhang in Kehren zum Felsgrat. Von der folgenden Scharte (2350 m, Blick zur plattigen Nordkante) kurz absteigend in die Südflanke und wieder zum felsigen Grat hinauf. Weiter über die mäßig steile, mit Drahtseil gesicherte Gratkante ansteigend bis zum steileren Gipfelaufbau (2420 m). Dort rechts, südseitig unter den Felsen querend und auf steiler Steigspur hinauf zum Sattel zwischen den Gipfeln. Links (Handlauf) über den ebenen Grat zum Gipfelkreuz (Gipfelbuch).

♦ 392 HOCHPLATTSPITZE
(Lasta Alta, 2545 m)

Vom Sterzinger Jaufenhaus im Südosten, links im Hintergrund der steil aufragenden Jaufenspitze sichtbarer, plattiger, schroffer Felskamm. Nach Norden vorspringender Gipfel des in steilen, hohen, unwegsamen Flanken abfallenden Ontrattkammes zwischen den tiefen Einschnitten des Ontratt- und inneren Wannsertales. Selten besuchter, jedoch eindrucksvoller, abweisend erscheinender, aber unschwer erreichbarer Felsgipfel. Informative Aussichtskanzel im einsamen, schroffen Nordwestteil der Sarntaler Alpen.

♦ 393 Vom Sterzinger Jaufenhaus (1990 m, # 160)
Abstieg 60 m, Aufstieg 610 m, Mark. 12B, 2.10 Std. Bergerfahrung, Trittsicherheit und Orientierungssinn erforderlich. Weitgehend wegloses Gelände, im oberen Teil gut markiert. Schwierigkeit I.

Im ebenen Sattel südlich vom Jaufenhaus-Parkplatz (verwitterte Hinweise, Zaunüberstieg) am ostseitigen Grashang mit Mark. 12 in Kehren absteigend zur Abzweigung der Steigspur Mark. 12A (1970 m, Markierung rechts auf Stein). Ein teils ausgehackter Steig führt anfangs absteigend, dann quer am Alpenrosen- und Grashang unter einem Felsvorsprung nach Osten in den Karkessel der Jaufenspitze-Nordwände, wo sich die Spur in den Blockfeldern verliert. Gut auf die Markierung achtend steigt man durch die Mulde (Rinnsal mit Moospolstern) zum Sattel rechts eines runden Hügels an (2070 m, 0.40 Std., ebener Grasboden).
Südostwärts über Gras- und Felsblockgelände weglos ansteigend (Markierung an großen Blöcken) erreicht man einen weiteren ebenen Gras-

boden (2239 m, Rinnsal). Nun leicht linkshaltend über Grasbuckel (Steinmännchen, im Frühsommer Firnfelder) zum steileren, gut begehbaren Geröllhang. Die Markierung führt dort gerade hinauf zum kleinen, ebenen Boden am Fuß der Plattenwand links des Gipfels (2450 m, 1.10 Std.).
Links der vom Gratsattel abfallenden Platten, anfangs in einer Rinne, dann links über Schrofen und Graspolster in leichter Kletterei in mäßig steilem Felsgelände (auch Steigspur) hinauf zum Nordgipfel (2510 m). Weiter durch die Einsattelung über den leicht begehbaren Grat zum nahen Gipfelkreuz (2545 m, 0.20 Std., Gipfelbuch).
Auch beim Abstieg ist im weglosen Gras- und Felsblockgelände, besonders bei Nebel, auf die Markierung zu achten.

♦ 394–399 frei.

♦ 400 PENSER WEISSHORN
(Corno Bianco, 2705 m)

Steiler Felsgipfel südwestlich des Penser Joches. Die hornartige Gestalt kann als schönstes Bergprofil in den Sarntaler Alpen bezeichnet werden (Miniatur-Matterhorn). Vom Penser Joch aus viel bestiegener Gipfel.

♦ 401 Vom Penser Joch (2214 m, # 295)
Aufstieg 500 m, Mark. 12A, 2.20 Std. Trittsicherheit erforderlich; Gipfelanstieg auf teils gesichertem, ausgesetztem Steig und über unschwierige Felsstufen. Schwierigkeit I.
Auf Route # 297 zum Gröllerjoch (2557 m, 1.50 Std.). Vom Felssattel rechts ansteigend zur Steilflanke, zunächst auf Steig in Kehren, dann über gesicherte Schrofen zum Grat und nordwärts zum Gipfelkreuz (0.30 Std.).

♦ 402 ZINSELER
(Cima di Stilves, 2422 m)

Leicht erreichbare Aussichtswarte über dem Sterzinger Talkessel zwischen Sarntaler, Stubaier und Zillertaler Alpen (sollte Naturpark werden). Schöne Halbtageswanderung.

♦ 403 Vom Penser Joch (2214, # 295)
Aufstieg 270 m, Mark. 14, 1.00 Std.
Von der nordseitigen Penser-Joch-Straße einige hundert Meter vor dem

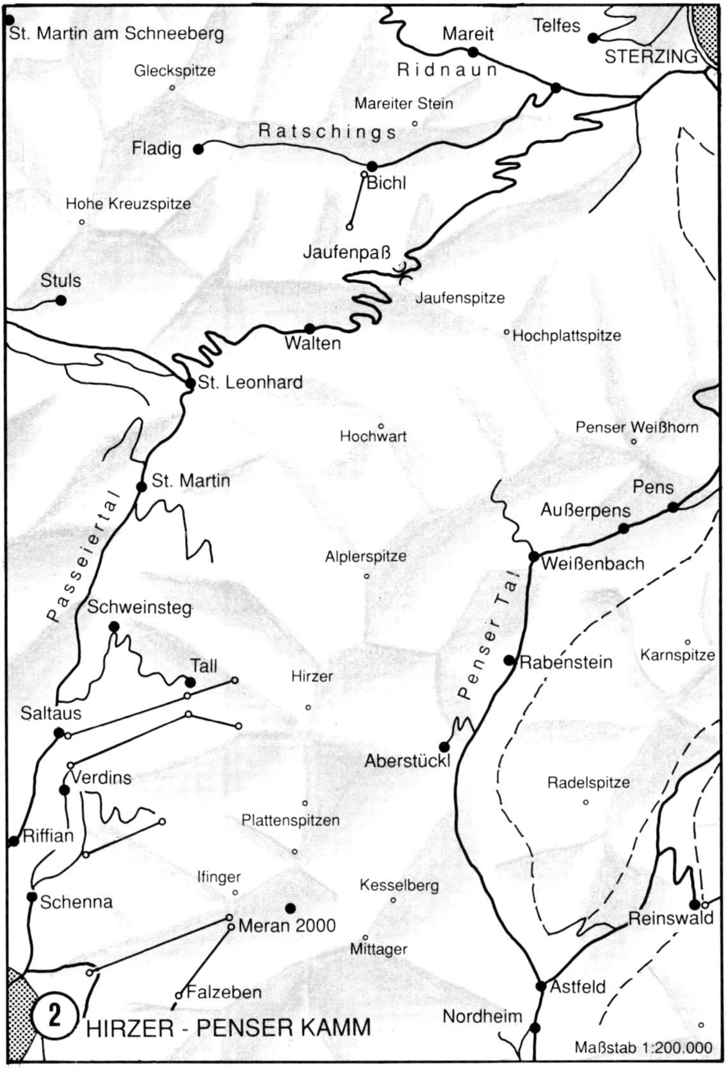
St. Martin am Schneeberg
Mareit
Telfes
STERZING
Ridnaun
Gleckspitze
Mareiter Stein
Ratschings
Fladig
Bichl
Hohe Kreuzspitze
Jaufenpaß
Stuls
Jaufenspitze
Walten
Hochplattspitze
St. Leonhard
Hochwart
Penser Weißhorn
St. Martin
Pens
Außerpens
Passeiertal
Weißenbach
Alplerspitze
Schweinsteg
Penser Tal
Rabenstein
Karnspitze
Tall
Hirzer
Saltaus
Aberstückl
Verdins
Radelspitze
Plattenspitzen
Riffian
Ifinger
Kesselberg
Schenna
Reinswald
Meran 2000
Mittager
Astfeld
Falzeben
Nordheim
2
HIRZER - PENSER KAMM
Maßstab 1:200.000

Die Ostflanke des Penser Weißhorns (# 400, „Sarntaler Matterhorn"). Im Vordergrund ein kleiner See im Penser-Joch-Bereich.

Joch (2150 m, kleiner Parkplatz, Hinweise) auf Steig mit Mark. 14/15 steil ansteigend zum Jaufentaler Jöchl. Auf gutem Steig auf der Kammlinie nach Norden, den Hühnerspiel-Gipfel auf Steigspuren überschreitend, oder am steilen Osthang querend zum flachen Bereich des Gospeneider Jochs (2303 m, Mark. 15 führt nach Gospeneid hinab). Weiter mit Mark. 14 nach Norden und über den steileren Südosthang zum Gipfel (Sichtverbindung).

♦ **404–407 frei.**

Östliche Sarntaler Alpen

Genterskamm

♦ 408 **KARNSPITZE**
(Cima di Quaire, 2412 m)

Felsiger, wenig besuchter Aussichtsgipfel im Genterskamm zwischen Durnholz und Weißenbach-Pens. Von der Durnholzer Seite über das Durnholzer Jöchl (# 300) verhältnismäßig leicht erreichbares, lohnendes Gipfelziel (sollte Naturpark werden).

♦ 409 Vom Durnholzer Parkplatz (1510 m, # 28)
Aufstieg 900 m, Mark. 12–17, 2.40 Std.
Auf Route # 301 zum Durnholzer Jöchl (2235 m, 2.10 Std.). Vom Jöchl über den flachen Graskamm auf Steigspuren mit Mark. 17 nach Westen zum Gipfelaufschwung. Am Südosthang links der Kammlinie auf Steigspuren zu einer verfallenen Hütte (2320 m); weiter über Felsblockgelände weglos zum Gipfel (0.30 Std.).

♦ 410 **RADELSPITZE**
(Cima Rodella, 2422 m)

Südlichster Höchstpunkt des zwischen Durnholzer und Penser Tal verlaufenden und nach Astfeld abfallenden, breiten Genterskammes (sollte Naturpark werden). Lange, wenig begangene Gipfeltour im Zentrum der Sarntaler Alpen.

♦ 411 Von Gentersberg/Meßnerhof (1254 m)
Aufstieg 1170 m, Mark. 17, 3.30 Std.
Anfahrt von Astfeld auf der Durnholzer Talstraße 2,5 km bis zur Abzweigung der asphaltierten Höfestraße nach links (große Haustafel für den Gasthof Meßnerhof), nach der Brücke durch die Wiesen und in einigen Kehren zum Meßnerhof (1254 m, Ausflugsziel, Jausenstation in Panoramalage, Parkplatz nur für Hausgäste – an der ebenen Straße einige hundert Meter weiter im Wald kleine Parkmöglichkeiten).
Vom Parkplatz (kein Hinweis) in der Wiese auf Wegspur ansteigend zum Zaun (Gatter mit Markierung) und hinauf zum Wald. Anfangs links, dann im Bereich des Bergrückens mit Mark. 17 ansteigend (die Forststraße

wird einige Male überquert, auf die Markierung achten) bis zu einer Hütte (1845 m, 1.45 Std., dieser Bereich wird „Auf der Katz“ genannt). Nun links auf Wirtschaftsweg am Südwesthang durch Latschenfelder zur Schäferhütte (2025 m, 0.30 Std., Genteralm).
Rechts ansteigend wieder zurück zur Kammlinie (Steinmann, hierher auch weglos, von der Waldgrenze weiterhin über den Bergrücken) und in nördlicher Richtung zur Anhöhe der Leiterspitze (2375 m). Über den flachen Kamm zum Westgrat und rechts ansteigend zur Radelspitze (1.15 Std.).

♦ **412–415 frei.**

Flagger- und Schalderer Berge

♦ 416 TATSCHSPITZE
(Montaccio di Pennes, 2526 m)

Vom Penser Joch gegen das Eisacktal vorspringender, massiver Felsgipfel. Aussichtsberg in den nordöstlichen Sarntaler Alpen (sollte Naturpark werden). In aussichtsreicher Kammwanderung erreichbares, lohnendes Gipfelziel.

♦ **417 Von der Penser Alm** (2158 m)
Aufstieg 370 m, Mark. 14A, 1.50 Std.
Auf Route # 173 bis zum Sattel östlich vom Niedeck (2250 m, 1.00 Std., Abzweigung des Sarntaler Höhenweges, # 500). Am flachen Kamm weiter nach Osten, dann über begrastes Gelände ansteigend zur nächsten Wegverzweigung (Mark. 14A rechts, Übergang zum Puntleider See). Die Richtung beibehaltend auf markierten Steigspuren am teils felsigen Hang zum nordwestseitigen Geröllfeld und rechts einer steil abfallenden Felsrinne in Kehren zum Gipfel (0.50 Std.).

♦ 418 TAGEWALDHORN
(Corno di Tramin, 2708 m)

Zweithöchster, schroffer Felsgipfel inmitten der Flaggerberge, zwischen Tramintal im Westen, Puntleidertal im Norden und Flaggertal im Südosten, mit zur Sulzenalm steil abfallender Nordwand und drei Felsgratkämmen (sollte Naturpark werden).

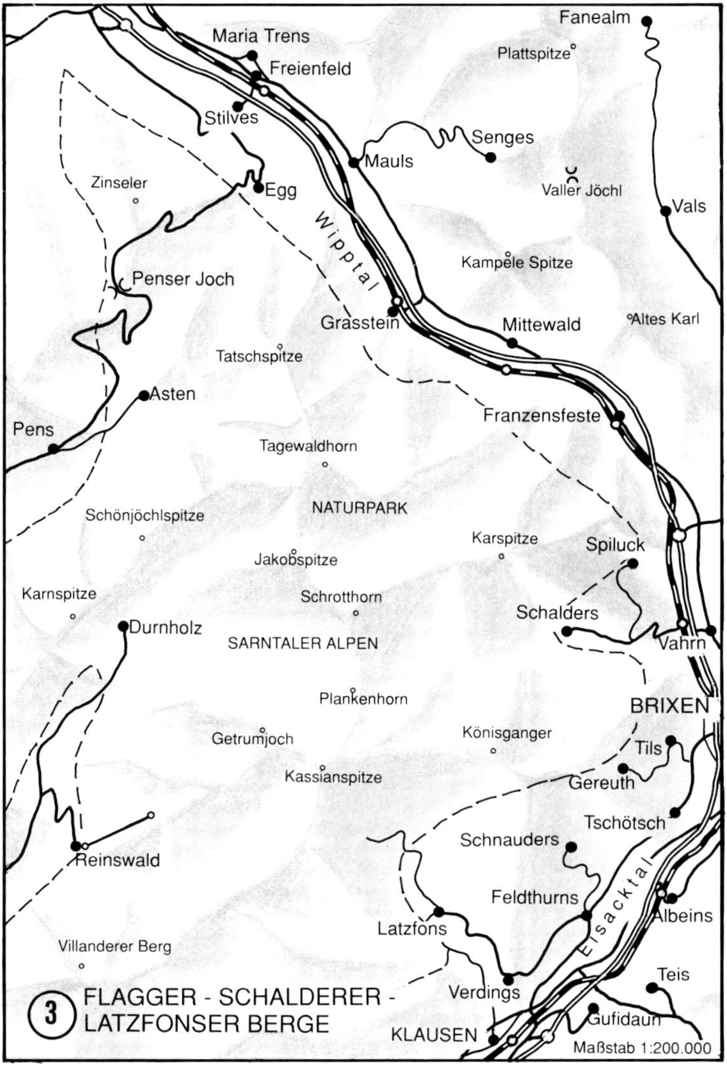
Fanealm
Maria Trens
Plattspitze
Freienfeld
Stilves
Senges
Mauls
Valler Jöchl
Egg
Zinseler
Vals
Wipptal
Kampele Spitze
Penser Joch
Grasstein
Altes Karl
Mittewald
Tatschspitze
Asten
Franzensfeste
Pens
Tagewaldhorn
NATURPARK
Schönjöchlspitze
Karspitze
Spiluck
Jakobspitze
Karnspitze
Schrotthorn
Schalders
Durnholz
SARNTALER ALPEN
Vahrn
Plankenhorn
BRIXEN
Königanger
Getrumjoch
Tils
Kassianspitze
Gereuth
Tschötsch
Schnauders
Reinswald
Feldthurns
Eisacktal
Albeins
Latzfons
Villanderer Berg
Teis
Verdings
3 FLAGGER - SCHALDERER - LATZFONSER BERGE
Gufidaun
KLAUSEN
Maßstab 1:200.000

Tiefblick auf Asten und das Tramintal. Der Bergkamm von links: Sulzspitze, Traminscharte (# 308), Tagewaldhorn (# 418), Hörtlaner Spitze und Jakobspitze (# 421).

♦ **419** **Von der Flaggerschartenhütte** (2481 m, # 171)
Kurzer Abstieg, Aufstieg 250 m, Mark. 13/15–15A, 1.10 Std. Bergerfahrung und Trittsicherheit erforderlich. Schwierigkeit I–.

Auf Route # 313 in Richtung Hörtlanerscharte bis zum Kar nach dem Abstieg über die gesicherte Felsstufe (links Steig in Kehren zur Hörtlanerscharte). Rechts am Geröllhang auf Steig Mark. 15A nach Nordosten in ebener Querung bis zum felsdurchsetzten Gipfelhang. Dort links

Der herbstliche Latzfonser Berg über dem Thinnetal; links Kassianspitze (# 445) und Ritzlar, Fortschellscharte (# 323) und Lorenzispitze (# 440), rechts die Kuhbergalmen.

in Kehren über steiles, brüchiges Schutt- und Felsgelände am Südosthang zum Grat und links kurz ansteigend zum Gipfelkreuz.

♦ **420 Von der Penser Alm** (2158 m)

Aufstieg 750 m, Abstieg 200 m, Mark. 14A–rot-weiß–13–15A, 3.20 Std. Bergerfahrung, Orientierungssinn und Trittsicherheit erforderlich. Anstieg über den Nordwestgrat Schwierigkeit I.

Auf Route # 173 bis zum Zusammentreffen mit Mark. 13 von Asten

herauf. Weiter in Kehren am steilen Geröllhang zum kleinen See in der Mulde unter dem felsigen Westhang des Tagewaldhorns und links in Kehren zur Traminscharte (2380 m, 2.20 Std., # 308).
Von der Scharte (Hinweise) auf anfangs gutem Steig mit Mark. 15A über den Grat und rechts am Hang ausweichend zur Steilstufe, dann diese rechts umgehend etwas steiler zum Gipfel (1.00 Std.).

♦ 421 JAKOBSPITZE
(Punta S. Giacomo, 2745 m)

Höchster Gipfel im Sarntaler Ostkamm und Hauptgipfel der schroffen Flaggerberge; breites Bergmassiv zwischen Durnholz und dem inneren Bergkessel des Flaggertals. Lohnender, aber selten besuchter Aussichtsberg (sollte Naturpark werden).

♦ 422 Vom Durnholzer Parkplatz (1510 m, # 28)
Aufstieg 1240 m, Mark. 16–rot-weiß, 3.50 Std.
Auf Route # 172 zur Flaggerscharte (2436 m, 3.00 Std.), über die Scharte und links ansteigend zur nahen Flaggerschartenhütte (2481 m, # 171). Von der Scharte rechts, nach Süden, am steilen Hang in Kehren ansteigend, dann die Lorenzenspitze westseitig zum Verbindungsgrat umgehend, über den folgenden Blockhang zum flachen Gipfelkamm und ostwärts zum kleinen, hölzernen Gipfelkreuz (0.50 Std., Gipfelbuch).

♦ 423–429 frei.

♦ 430 SCHROTTHORN
(Corno del Ceppo, 2590 m)

Als massive Felsgestalt im Schalderer Talschluß aufragender bedeutendster, aber wenig besuchter Gipfel des Tales (sollte Naturpark werden).

♦ 431 Von Schalders-Kasebach (1590 m, # 40)
Aufstieg 1100 m, Abstieg 100 m, Mark. 4, 3.30 Std.
Auf Route # 321 zur Schalderer Scharte (2324 m, 2.45 Std.). Vom hölzernen Bildstock auf markiertem Steig über Grasbuckel nach Norden, dann steiler am Südwesthang über Schutt auf gut erkennbaren Steigspuren zum Gipfel (0.45 Std.).

♦ 432 **Vom Durnholzer Parkplatz** (1510 m, # 28)
Aufstieg 1080 m, Mark. 5–4, 3.15 Std.
Wie bei # 203 beschrieben bis zur Wegverzweigung (2050 m, 1.45 Std.). Mit Mark. 4 ostwärts auf gutem Steig zur Schalderer Scharte (2324 m, 0.45 Std.). Weiter wie bei # 431 zum Gipfel (0.45 Std.).

♦ 433 KARSPITZE
(Punta Quaira, 2517 m)

Östlichster Gipfel im Kamm zwischen Schalderer und Flaggertal. Von Osten als steile Felspyramide erkennbarer Aussichtsgipfel über dem Eisacktal. Vielbesuchter Hausberg von Vahrn und Schalders (sollte Naturpark werden).

♦ 434 **Von Schalders/Wieser** (1535 m, # 40)
Aufstieg 980 m, Mark. 2, teils weglos, 3.00 Std.
Anfahrt von Vahrn nach Schalders und von der Kirche 4,5 km auf schmaler Straße zu den Berghöfen; bei der Kreuzung rechts am Hang talauswärts zum Wieser (1535 m, kleiner Parkplatz).
Die mit Schranke gesperrte Forststraße führt am Waldhang nach Westen bis zum Bachgraben unter den ersten Almhütten (1900 m, 1.00 Std.).
Auf Fußweg zu den Hütten und über steile, feuchte Weidehänge ansteigend zur verfallenen Kaserhüttlalm an der Waldgrenze (2068 m, 0.30 Std.).
Nun weglos über den Hang nach Norden (zwischen Alpenrosengebüsch und einzelnen Wetterlärchen den besten Durchgang suchend). Auf den folgenden Grashängen rechtshaltend zum Ostkamm und auf Steigspuren mit Mark. 2 über die aufsteilende Kammlinie zum Gipfel (1.30 Std.).

♦ **435–439 frei.**

♦ 440 LORENZISPITZE
(Cima S. Lorenzo, 2483 m)

Steil aufragender Gipfel im Kamm zwischen Schalders und Latzfons. Hausberg der Klausner Hütte. Guter Aussichtspunkt über dem Schalderer Talschluß, dem Latzfonser Berghang und dem unteren Eisacktal (sollte Naturpark werden). Abb. S. 109.

♦ **441** **Von der Klausner Hütte** (1923 m, # 196)
Aufstieg 560 m, nur teilweise markiert, 1.40 Std.
Von der Hütte auf breitem Fahrweg mit Mark. 17 nach Westen ansteigend bis zur Rungger Alm auf dem Bergrücken (2042 m, 0.25 Std.).
Nun teils weglos, teils auf Steigspuren über den Kamm nach Norden. Im steileren, felsigen Gelände links am Grashang ausweichend und über die Südwestflanke zum Gipfel.

♦ 442 KÖNIGSANGER
(M. del Pascolo, 2436 m)

Hausberg der Radlseehütte. Höchster Punkt im östlichsten Auslaufkamm der Sarntaler Alpen über dem Brixner Talkessel. Vielbesuchter Aussichtsberg zwischen Sarntaler und Zillertaler Alpen und den Dolomiten (sollte Naturpark werden).

♦ **443** **Von der Radlseehütte** (2257 m, # 181)
Aufstieg 180 m, Mark. 7, 0.30 Std.
Oberhalb der Hütte am Hang auf gutem Steig westwärts ansteigend zur Kammhöhe, links über den teils felsigen Grat auf markierten Steigspuren zum Gipfelkreuz (Rastbank).

♦ **444** **Von der Klausner Hütte** (1923 m, # 196)
Aufstieg 510 m, Mark. 5–7, 1.50 Std.
Auf Route # 327 zur Lorenzischarte (2208 m, 0.50 Std.). Auf Steig mit Mark. 7 nach Osten, im Anstieg über Weideböden und steiniges Gelände am Südabhang des Kuhbergkammes entlang, dann auf der ebenen Kammhöhe zum Gipfel (1.00 Std.).

Latzfonser Berge

♦ 445 KASSIANSPITZE
(Cima S. Cassiano, 2581 m)

Vom Sarntal ebenso wie vom Eisacktal aus gerne besuchter, höchster Gipfel des südlichen Sarntaler Ostkammes (sollte Naturpark werden). Vom Schutzhaus Latzfonser Kreuz kurze, lohnende Gipfeltour. Abb. S. 56/57 und 109.

♦ **446** **Vom Schutzhaus Latzfonser Kreuz** (2311 m, # 199)
Aufstieg 270 m, Mark. 17, 0.50 Std.
Auf dem Steig nach Westen bis zum Wetterkreuz am „Gampmaul", dort auf markierten Steigspuren nordwärts in den Karkessel und steiler ansteigend über Blockfelder zur Hangterrasse mit dem kleinen Kassiansee (2469 m). Nun links im Felsgelände zu einem Sattel und rechts über den flachen Kamm zum Gipfelkreuz.

♦ **447–454 frei.**

♦ **455** **GETRUMJOCH**
(2589 m)

Höchster Punkt des einsamen Bergkammes nordöstlich von Reinswald zwischen Pichlberg und Kassianspitze (sollte Naturpark werden). Die Tour wird als Überschreitung vorgeschlagen.

♦ **456** **Von der Reinswalder-Lift-Bergstation** (2130 m, # 188)
Auf- und Abstieg 500 m, Mark. 11–7–rot, 3.15 Std.
Auf Route # 200 zur Getrumalm und zum Talschluß (2240 m, 1.15 Std.). Nach Überquerung des Baches links abzweigend, am Grashang weglos nach Norden und im Bogen nach Westen mäßig ansteigend (rot markiert) zum Getrumsee (2368 m) im ostseitigen Karkessel mit rötlichen Geröllhängen. Vom See links, südwärts, ansteigend, nach einem Sattel zum Felskamm; anfangs über Schrofen (Markierung), dann den Steilaufschwung rechts am Schutthang auf Steig in Kehren umgehend zum Kamm (links steil abfallende Felsrinne). Rechts zum flacheren Grasgelände und durch eine Mulde (schwach markiert) zum Kammbereich, dort nach Westen zum Gipfelhügel des Plankenhorns (2575 m, Steinmann mit einfachen Hinweisschildern).
Nun über Blockwerk nach Norden und durch den flachen Grassattel zum Grat gegenüber, dort auf Steig links entlang und am Fels- und Schutthang zum Getrumjoch-Gipfel (2589 m, 1.00 Std., großes Kreuz).
Absteigend zurück zum Steinmann mit den Schildern und auf erkennbarem Steig westwärts über die Kammlinie, teils links daneben hinab, dann im Hügelgelände (auf rote Markierung achten) nördlich des Pichlberges entlang. Etwas ansteigend und über einen Kammsattel (2460 m), dort auf Steig am schotterigen Nordwesthang abwärts zu einem Grassattel mit Mauer (Durchgang). Weiter über Weidehänge bis zu einem Fahrweg (2380 m, Blockfeld, Stange mit Hinweis).

Auf dem Weg zur nahen Liftanlage und über die Piste abwärts, links in die Mulde und am Hang gegenüber auf ebener Straße durch dichte Latschenfelder südwestwärts; um den Bergrücken herum zur Sessellift-Bergstation (1.00 Std.).

Villanderer Berge

♦ 457 VILLANDERER BERG
(M. Villandro, 2509 m)

Im Osten über dem Talkessel von Sarnthein mit den Sarner-Scharte-Westwänden ein breites Felsmassiv bildend, ist der Villanderer Berg die nördlichste, höchste Kante der nach Süden geneigten gewaltigen „Bozner Porphyrplatte". Nördlich dieser Abbruchkante hat sich in vergangenen Zeiten ein reger Bergbau abgewickelt (Seeberg, Pfunderer Bergwerke).

♦ 458 Von der Kapelle Am Toten (2186 m, # 330)
Aufstieg 320 m, Mark. T, 1.00 Std.
Zugänge siehe unter # 331 (von Reinswald, 2.20 Std.) und unter # 332 (von der Gasserhütte, 1.30 Std.).
Auf Fußweg (Hinweise) links des felsig ansteigenden Kammes nach Süden und über Gras- und Felsgelände zur nordseitigen Hangterrasse mit dem grünen Toten- oder Seebergsee (2208 m).
Nun steiler auf schotterigem Steig in Kehren, dann links durch Felsgelände zur Kammhöhe des großen, nach Osten und Süden abgedachten Weide- und Felshanges (2350 m). Nun weglos, markiert, nach Westen ansteigend über den weiten, mäßig geneigten, teils schotterigen Hang zum flachen Gipfel (Betonsäule).
Mit Mark. T Übergang nach Westen und durch eine Einsenkung nach Süden zum Sarner-Scharte-Gipfelkreuz.

♦ 459 SARNER SCHARTE
(M. Forcella Sarentina, 2468 m)

Breiter Felsberg mit ostseitiger Abdachung und westseitig, gegen das Sarntal, steil abbrechenden Porphyrwänden, bildet mit dem nach Norden sich fortsetzenden Villanderer Berg ein Massiv und charakterisiert den Talkessel von Sarnthein (sollte Naturpark werden).

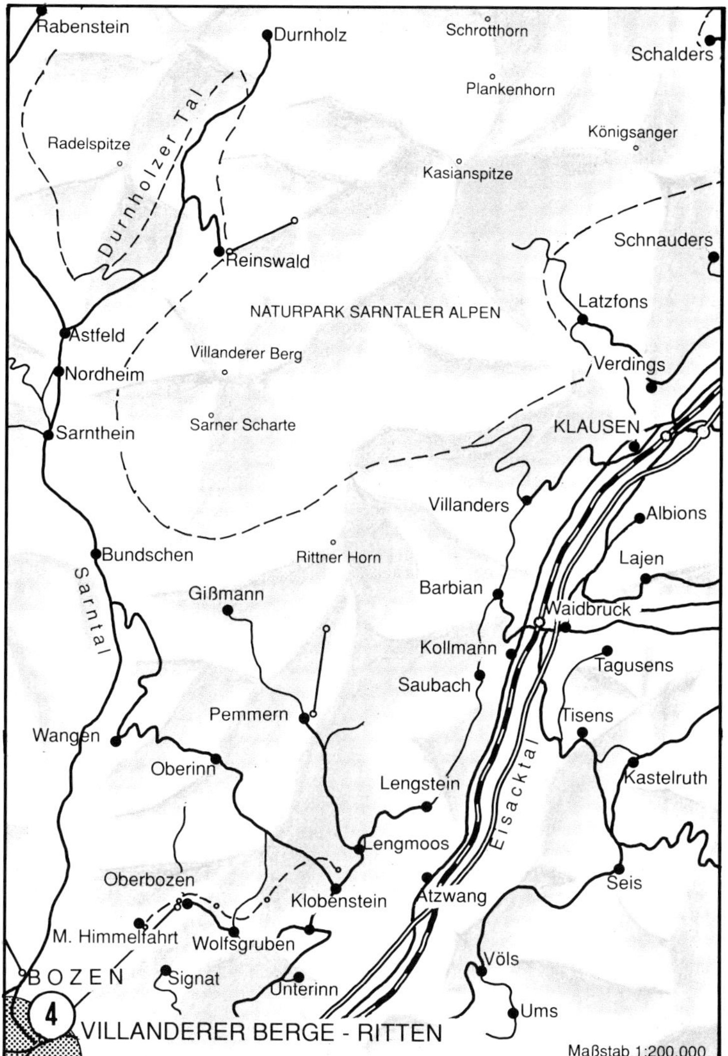
Rabenstein
Durnholz
Schrotthorn
Schalders
Plankenhorn
Königsanger
Radelspitze
Durnholzer Tal
Kasianspitze
Schnauders
Reinswald
Latzfons
NATURPARK SARNTALER ALPEN
Astfeld
Villanderer Berg
Verdings
Nordheim
Sarnthein
Sarner Scharte
KLAUSEN
Villanders
Albions
Bundschen
Rittner Horn
Lajen
Sarntal
Gißmann
Barbian
Waidbruck
Kollmann
Tagusens
Saubach
Pemmern
Tisens
Wangen
Oberinn
Kastelruth
Lengstein
Eisacktal
Lengmoos
Oberbozen
Seis
Klobenstein
Atzwang
M. Himmelfahrt
Wolfsgruben
Völs
BOZEN
Signat
Unterinn
Ums
4
VILLANDERER BERGE - RITTEN
Maßstab 1:200.000

♦ **460 Vom Schart-Biwak** (2380 m, 206)
Aufstieg 90 m, Mark. T, 0.15 Std. Trittsicherheit erforderlich.
Zugänge siehe unter # 207 (von Riedelsberg/Riedler, 2.40 Std.) und unter # 208 (von der Gasserhütte, 2.40 Std.).
Von der Einschartung beim Biwak über den Steilhang mit Mark. T nordwärts ansteigend zur weiten Gipfelfläche (Wetterkreuz).
Weiter mit Mark. T nach Norden durch eine Einsattelung, dann ostwärts zum Villanderer Berg.

♦ **461 frei.**

Ritten

♦ **462** **RITTNER HORN**
(Corno di Renon, 2260 m)

Höchster Punkt des in großen Weidehängen und Geröllfeldern flach abgedachten, nur an der Nordseite etwas felsigen, breiten Rittner Bergrükkens; Südauslauf des Sarntaler Ostkammes. Aussichtsberg ersten Ranges, Standort des Rittner-Horn-Hauses (# 232), trotz Verbauung durch Antennen- und Wintersportanlagen viel besuchter Hüttenberg.
Aufstiege siehe Hüttenzugänge unter # 233 (von der Panoramalift-Bergstation, 1.00 Std.), unter # 234 (von der Gasserhütte, 2.00 Std.) und unter # 235 (von Sarnthein-Windlahn, 3.00 Std.).

♦ **463–499 frei.**

Höhenwege

♦ 500 SARNTALER HÖHENWEG

Für Höhenwanderungen in den Sarntaler Alpen gibt es verschiedene Möglichkeiten und Vorschläge, besonders für Tagesstrecken mit unterschiedlichen Routenführungen, aber auch für mehrtägige Wanderungen. Die Überschreitung des Ostkammes von Sterzing bis Bozen und der Europäische Fernwanderweg E 5, der vom Timmelsjoch kommt und über den südlichen Westkamm nach Bozen verläuft, sind schon länger bekannt.
Unser Routenvorschlag geht von Bozen aus, deckt sich vom Rittner-Horn-Haus bis zum Auener Joch mit der „Großen Hufeisentour“ (# 508) und führt nach Bozen zurück.
Ebenso deckt sich der beschriebene „Sarntaler Höhenweg“ mit der Nord-Süd-Durchquerung des Ostkammes und vom Missensteiner Joch bis Bozen mit dem Europäischen Fernwanderweg E 5.
Von der Rittner Seilbahnstation in Oberbozen ausgehend, führt diese Rundwanderung in sieben Etappen über den Ostkamm auf der Strecke Ritten – Villanderer Alm – Schalderer Kamm – Flaggerberge nach Norden zum Penser Joch; über den Westkamm, von Weißenbach bis Aberstückl im Tal ausweichend, über die Kirchsteiger Alm und den Tschögglberg nach Jenesien zur Seilbahnstation.
Unterwegs können die meisten in diesem Band beschriebenen Gipfelanstiege sowie Gratwanderungen und Überschreitungen (nach eigenem Gutdünken) begangen werden, wobei sich die Rundtour mit einigen Rastpausen auf zwei Wochen ausdehnen wird.
Voraussetzungen sind Bergerfahrung und Kondition sowie einiges Wetterglück. Landschaftlich besonders schön ist dieser Höhenweg zur Alpenrosenblüte, wobei im nördlichen Teil, besonders in den Flaggerbergen, schattseitig zu dieser Jahreszeit noch Firnfelder vorkommen. Bei Nebel ist im Ostkamm die Orientierung schwierig, wobei die auch im weglosen Gelände durchgehend vorhandene Markierung besonders hilfreich ist. Talabstiege bei Schlechtwetter-Unterbrechungen gibt es reichlich.

♦ 501 **1. Etappe: Oberbozen, Bergstation der Rittner Seilbahn** (1220 m, # 226) – **Rittner-Horn-Haus** (2261 m, # 232)
Aufstieg 1040 m, Mark. 6–1A–1, 5.00 Std. 12 km. Gipfelanstiege: Sarner Scharte (# 459), Villanderer Berg (# 457).

Auf Route # 231 zum Unterhornhaus (2044 m, zu Fuß 4.20 Std., bei Benützung der Liftanlage 2.50 Std.).
Weiter auf dem begrasten Skipistenhang rechts einer Liftanlage auf Erosionsweg nach Norden zum Rittner-Horn-Haus (2261 m, 0.40 Std., Rittner-Horn-Gipfel).
Zugang vom Sarntal auf der Großen Hufeisentour: Anfahrt und Aufstieg # 207 von Riedelsberg zum Schart-Biwak (2.40 Std.) und # 208 in umgekehrter Richtung zum Gasteiger Sattel (1.20 Std., südwärts zum Rittner-Horn-Haus, nordwärts Fortsetzung des Höhenweges).

♦ 502 **2. Etappe: Rittner-Horn-Haus** (2261 m) **– Villanderer Alm – Schutzhaus Latzfonser Kreuz** (2311 m, # 199)**; Große Hufeisentour**

Abstieg 420 m, Aufstieg 470 m, Mark. 1 (streckenweise), 4.20 Std. 12,5 km. (Dem üblichen Steig Mark. 1 durch die Sumpfwiesen wird, etwas tiefer absteigend, auf guten Wegen ausgewichen.) Gipfelanstiege: Kassianspitze (# 445), Getrumjoch (# 455).

Auf Route # 335 zum Gasteiger Sattel (2056 m, 0.50 Std., Hinweise).
Weiter auf der Straße absteigend, dann nach Norden durch die Senke zu den gegenüberliegenden, sonnseitigen Wiesen und an der Mair-in-Plun-Hütte (1900 m, Jausenstation) vorbei zur Villanderer Almstraße. Dort kurz links ansteigend zum nordwärts abzweigenden Wirtschaftsweg (Hinweise bei der Abzweigung) und wie bei # 211 zur Stöfflhütte (2057 m, 1.30 Std., # 210).
In kurzem Anstieg durch die Wiesen nach Norden zur Gfoler Schupfe (2120 m, # 213).
Von der nach Westen führenden Straße oberhalb der Hütte (Hinweise) wieder nordwärts abzweigend auf Fahrspur (Zaunüberstieg) über eine Weide zum höher verlaufenden Almweg (wieder Zaunüberstieg, Markierung und Hinweise). Nun mit Mark. 1 nordostwärts weiter, nach einer flachen Senke links von der Straße abzweigend (Geröllfeld, auf Markierung achten) und teils weglos über Weidehänge ansteigend zum Jocherer-Berg-Rücken (im Blickfeld).
Weiter auf gut erkennbarem Steig leicht rechts am Südosthang oberhalb einer größeren, steinigen Senke mit Almhütte entlang zum ostwärts vorspringenden Kammrücken (2350 m, Aussichtspunkt, Kruzifix und Rastbänke). Auf gutem Steig die folgende Senke etwas abwärts durchquerend zum gegenüberliegenden Schutzhaus Latzfonser Kreuz (2311 m, 2.00 Std., Sichtverbindung).

♦ 503 **3. Etappe: Schutzhaus Latzfonser Kreuz** (2311 m) **– Fortschellscharte – Tellerjoch – Flaggerschartenhütte** (2481 m, # 171)**; Große Hufeisentour**

Abstieg 330 m, Aufstieg 500 m, Mark. 17–5–13, 3.40 Std.; 11 km. Gipfelanstiege: Schrotthorn (# 430), Jakobspitze (# 421) und weitere bei der Überschreitung des Schalderer Kammes (von der Fortschellscharte bis zur Flaggerscharte).

Auf Route # 318 zum Tellerjoch (2520 m, 3.00 Std.), weiter wie bei # 319 zur Flaggerschartenhütte (2481 m, 0.40 Std.).

♦ 504 **4. Etappe: Flaggerschartenhütte** (2481 m) **– Seebergalm – Penser Joch** (2214 m, Berggasthof Alpenrosenhof, # 166)**; Große Hufeisentour**

Aufstieg 430 m, Abstieg 700 m, Mark. 15–13–rot-weiß–14A. 3.40 Std. 10 km. Gipfelanstiege: Tagewaldhorn (# 418), Tatschspitze (# 416).

Auf Route # 313 zur Hörtlanerscharte (2605 m, 0.40 Std.), weiter wie bei # 314 zum Penser Joch (2214 m, 3.00 Std.).

♦ 505 **5. Etappe: Penser Joch** (2214 m) **– Gröllerjoch – Weißenbach** (1338 m, # 25)**; Große Hufeisentour**

Aufstieg 350 m, Abstieg 1225 m, Mark. 12A–9, 4.10 Std.; 12 km. Gipfelanstieg: Penser Weißhorn (# 400). Übernachtungsmöglichkeiten im Talbereich in einem der Gasthöfe zwischen Weißenbach und Rabenstein.

Auf Route # 297 zum Gröllerjoch (2557 m, 1.50 Std.). Absteigend wie bei # 298 nach Weißenbach (1338 m, 2.20 Std.). Die Talstraße von Weißenbach bis zur Aberstückl-Abzweigung kann mit Bus oder per Anhalter zurückgelegt werden.

♦ 506 **6. Etappe: Aberstückl-Abzweigung** (1225 m, # 24) **– Missensteiner Joch – Meraner Hütte** (1960 m, # 114) **oder Kesselberghütte** (2300 m, # 118)**; Große Hufeisentour**

Aufstieg 910 m, Abstieg 170 m, Mark. 13–4, 3.10 Std.; 9 km. Gipfelanstiege: Hirzer (# 373), Hönigspitze (# 370), Großer Mittager (# 358), Kleiner Mittager (# 356), Ifinger (# 360) und Verdinser Plattenspitze (# 362).

Von der Aberstückl-Bushaltestelle an der Talstraße, westlich vom geschlossenen Gasthof (kein Hinweis, keine Markierung) hinab zur Brücke und auf Fahrweg südwärts im Wald ansteigend zur Asphaltstraße und auf

Blick vom Gröllerjoch (# 296) am Südabhang des Penser Weißhorns auf das Oberberg- und Unterberg-Almtal, westlich oberhalb von Weißenbach. Links oben Hirzer (# 373) und Alplerspitze (# 378), rechts der Hochwartkamm.

dieser in Kehren nach Aberstückl (1325 m, # 24). Weiter auf der asphaltierten Höfestraße oberhalb des Dorfes in Kehren ansteigend (kaum Abkürzungen) zur Windlahner-Kehre (1525 m, erkennbar am Parkplatz) und auf der Hofzufahrt durch mehrere Gatter zum Unterwindlahner (1525 m, 0.50 Std.). Weiter wie bei # 121 zum Missensteiner Joch (2128 m, 1.50 Std.). Am Südhang absteigend wie bei # 263 zur Meraner Hütte (1960 m, 0.30 Std.).
Oder in derselben Wegzeit: Vom Missensteiner Joch links, ostwärts, mit

Die Lafenner Wiesen (# 507) mit dem Kirchlein zu St. Jakob. In Bildmitte die bewaldete Rittner Hochfläche, am Horizont Schlern- und Rosengartengruppe.

Mark. 3 auf gutem Fußweg über den breiten Kamm zur Kesselberghütte ansteigend (2300 m, # 118, Aufenthalt für Gipfeltouren empfehlenswert).

♦ **507** **7. Etappe** (auch Fernwanderweg E 5, # 510)**: Meraner Hütte** (1960 m) **– Kreuzjoch – Auener Joch – Möltener Joch – Lafenn – Salten – Jenesien** (1056 m, # 100, Seilbahn-Bergstation) *Aufstieg 210 m, Abstieg 1110 m, Mark. 4–1, 6.00 Std.; 19,5 km. Lange Wegstrecke, aber meistens absteigend oder eben. Die*

Große Hufeisentour führt vom Auener Joch ostwärts absteigend über den Auener Berg zurück nach Sarnthein.

Auf Route # 354 zum Kreuzjoch (2086 m, 1.15 Std.) und wie bei # 355 zum Auener Joch (1924 m, 0.15 Std.; Abstieg auf der Hufeisentour mit Mark. 2 in zwei Stunden nach Sarnthein). Weiter auf Fußweg mit Mark. 4 am Westabhang der Hohen Reisch (# 350) nach Süden, leicht abwärts in den Hochwald und auf breitem, teils ebenem Fußweg durch flaches, wasserdurchronnenes Gelände in die Wiesenmulde zur Möltener Kaser (1763 m, 0.30 Std., # 103, Einkehrhütte). Diese Etappenstrecke kann hier mit einer weiteren Übernachtung zweigeteilt werden.

Weiter auf Fahrweg (Hinweise) nach Westen zum Bachgraben, dort südwärts, teils ansteigend, dann eben zur Abzweigung (1764 m, Hinweise, der Fahrweg Mark. K führt zur Sattlerhütte und nach Mölten hinab). Links mit Mark. 4 über den breiten Wiesenrücken des Möltener Jochs (1733 m), dann südseitig absteigend zum Sattel zwischen Mölten und Flaas (1449 m, Hinweise). Auf der Straße in kurzem Gegenanstieg zum Gasthof Lafenn (1527 m, 1.30 Std., auch Übernachtung möglich). Weiter mit Mark. 1 leicht abwärts durch die Lafenner Wiesen, dann durch die ebenen Lärchenwiesen der Saltener Höhen nach Südwesten zum Gasthof Edelweiß (1351 m, 1.40 Std.). Nun auf der Straße nach Jenesien und durch die Ortschaft absteigend zur Seilbahn-Bergstation (1056 m, 0.40 Std., # 100).

♦ 508 GROSSE HUFEISENTOUR

Vom Sarntaler Verkehrsamt wird die „Große Hufeisentour" (mit Wanderpaß und Auszeichnung) vorgeschlagen. Von Sarnthein ausgehend, führt dieser Höhenweg als Rundwanderung in sieben Tagesetappen über den Ostkamm zum Penser Joch und über den Westkamm zurück nach Sarnthein. Die Große Hufeisentour erfreut sich bei Bergwanderern und besonders bei den Gästen des Sarntales zunehmender Beliebtheit. Die Route deckt sich mit dem in diesem Führer vorgeschlagenen Sarntaler Höhenweg (# 500). Der Anstieg von Sarnthein führt von Riedelsberg über das Schart-Biwak zum Gasteiger Sattel (# 207 und # 208 in umgekehrter Richtung). Der Abstieg führt vom Auener Joch zur Sarner Skihütte (# 251 in umgekehrter Richtung) und auf dem Fußweg mit Mark. 2 über den Auener Berg nach Sarnthein zurück.

Die sieben Tagesetappen sind unter # 501 bis # 507 beschrieben.

♦ 509 frei.

♦ 510 EUROPÄISCHER FERNWANDERWEG E 5

Im Bereich dieses Führers verläuft der Europäische Fernwanderweg Nr. 5 (vom Bodensee zur Adria) nur kurz durch den südlichen Sarntaler Westkamm. Die Route führt, vom Timmelsjoch kommend, im Talboden durch Rabenstein nach Moos, abseits der Straßen am Sonnenhang nach St. Leonhard und im Talbereich bis St. Martin. Die Höhe wird auf der üblichen Route im Anstieg über die Pfandler Alm (Übernachtung) zur Hirzerhütte mit einer Höhendifferenz von 1400 Metern wieder erreicht.
Wir empfehlen, ab Moos mit dem regelmäßig verkehrenden Linienbus bis Saltaus zu fahren und den Höhenunterschied mit der Seilbahn (# 150) nach Klammeben (1980 m) zu überbrücken. Übernachtung im Berggasthof Klammeben (# 150) oder in der nahen Hirzerhütte/Berggasthof Tallneralm (# 152).

♦ 511 1. Etappe: Klammeben, Bergstation der Hirzer-Seilbahn (1980 m) **– Hirzerscharte – Missensteiner Joch – Meraner Hütte** (1960 m, # 114)
Aufstieg 700 m, Abstieg 720 m, Mark. 4 (E 5), 5.00 Std.
Auf Route # 276 zur Hirzerscharte (2678 m, 2.15 Std.) und wie bei # 262 zum Missensteiner Joch (2128 m, 2.10 Std.). Nun wie bei # 506 (Sarntaler Höhenweg und Große Hufeisentour) absteigend zur Meraner Hütte (1960 m, 0.30 Std.) oder ansteigemd zur Kesselberghütte (2300 m, 0.30 Std.).

♦ 512 2. Etappe: Meraner Hütte (1960 m) **– Kreuzjoch – Auener Joch – Möltener Joch – Langfenn (Lafenn) – Salten – Jenesien-Seilbahn-Bergstation** (1056 m, # 100)
Identisch mit dem Sarntaler Höhenweg, 7. Etappe. Routenbeschreibung siehe unter # 507.

BLATTSCHNITT
DER ÜBERSICHTSKARTEN

Die Karten befinden sich auf folgenden Seiten des Führers:

Karte 1: Seite 89
Karte 2: Seite 103
Karte 3: Seite 107
Karte 4: Seite 115.

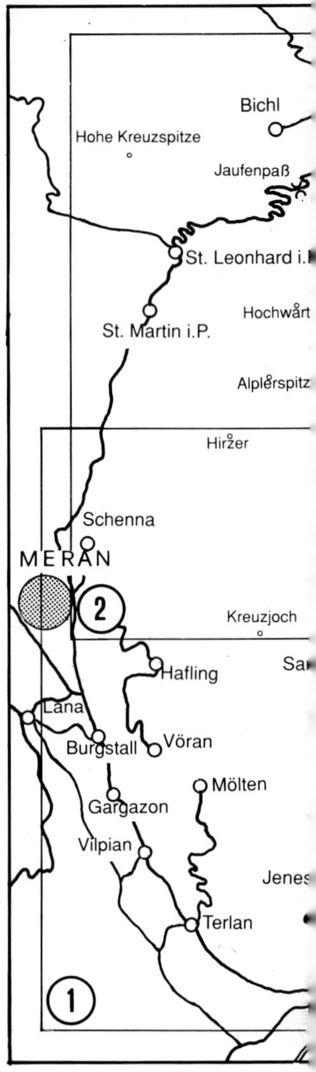

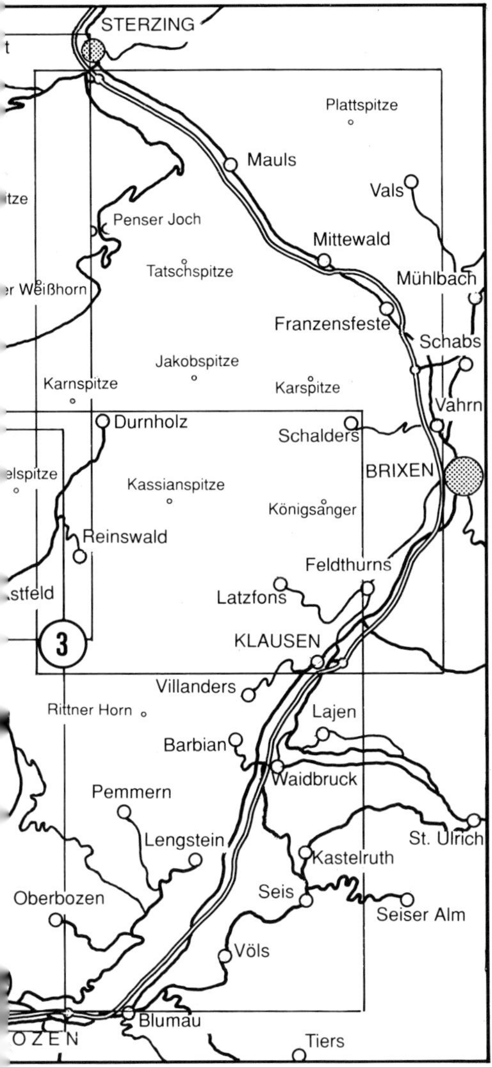
STERZING
Plattspitze
Mauls
Vals
Penser Joch
Mittewald
Tatschspitze
Mühlbach
Weißhorn
Franzensfeste
Schabs
Jakobspitze
Karnspitze
Karspitze
Vahrn
Durnholz
Schalders
BRIXEN
Kassianspitze
Königsanger
Reinswald
Feldthurns
Latzfons
3
KLAUSEN
Villanders
Rittner Horn
Lajen
Barbian
Waidbruck
Pemmern
St. Ulrich
Lengstein
Kastelruth
Seis
Oberbozen
Seiser Alm
Völs
Blumau
Tiers

Literatur

Dumler, Helmut: Südtirol, Band 2 (Sarntaler Alpen); Rother, München 1989.

Dumler, Helmut: Kleiner Führer Sarntaler Alpen; Rother, München 1982.

Ellmenreich, Helmuth: Die Meraner Bergwelt; Alpina, Terlan 1986.

Grilli, Mario (Hrsg.): Le Guide di Alp. Rifugi 2 (Veneto, Trentino, Alto Adige, Friuli); Vivalda, Torino 1988.

Kammerer, Hans: Hüttenführer Südtirol; Tappeiner, Bozen 1991/J. Berg, München 1991).

Kammerer, Hans: Brixen, Führer für Feriengäste und Bergwanderer; Tappeiner, Bozen 1989.

Klier, Henriette: Rund um Meran; Rother, München 1987.

Langes, Gunther: Burggrafenamt und Meran (= Band 4 der „Südtiroler Landeskunde in Einzelbänden"); Athesia, Bozen 1983.

Menara, Hanspaul: Sarntaler Alpen; Athesia, Bozen 1982.

Rampold, Josef: Eisacktal (= Band 5 der „Südtiroler Landeskunde in Einzelbänden"); Athesia, Bozen 1981.

Rampold, Josef: Bozen, Salten, Sarntal, Ritten, Eggental (= Band 7 der „Südtiroler Landeskunde in Einzelbänden"); Athesia, Bozen 1985.

Zatelli, Hansjörg: Unterwegs im Sarntal, Wander- und Kletterführer; Athesia, Bozen 1990.

Register

Alle Angaben beziehen sich auf die mit ♦ bzw. # gekennzeichneten Randzahlen dieses Führers.